過去留下的
憂鬱，

金雅拉 김아라──著　張召儀──譯

未來帶來的
焦慮

目 錄

Chapter 1	不同的情境， 相似的情感	為什麼必須 深究憂鬱和 焦慮

Chapter 2	為什麼心有時很脆弱， 有時又很強韌？	心，其實是人 類與生俱來最 強韌的肌肉

Chapter
7

活在當下
而不被動搖

鍛鍊心靈肌肉
的十六個階段
練習

如果你感到憂鬱，表示你活在過去；

如果你覺得焦慮，說明你活在未來；

如果你處之泰然，證明你活在當下。

從諮商現場匯集而成的實用心理學

——梨花女子大學心理學系教授　**李昇妍**（音譯）

　　我們生活在一個充滿不安與混亂的世界，無從知曉眼前的未來會是什麼模樣。在生活不順心時，難免感到挫折與憤怒，甚至陷入嚴重的憂鬱和焦慮。我們難以察覺自己所見的世界並非客觀的現實，只是個人心中創造出的宇宙，於是內心一刻也不得停歇，忙著在過去和未來之間尋找幸福的青鳥。

　　這本書告訴我們：幸福的關鍵就是活在當下，不帶任何判斷與偏見，如實地接納自我。書中充滿了多元的案例和精彩的比喻，幫助讀者們透過冷靜的省察，構築屬於自我的安全堡壘。若能讀完這本書，你將會發現作者所說的「心與心的真誠交流」，並不會只出現在諮商室裡。我誠心地推薦這本書，希望作者的一字一句，能真正撫慰你的疲憊心靈。

改變人生的心靈鍛鍊指南

—— 三星首爾醫院精神醫學科教授　**金之慧**（音譯）

　　美國作家暨人生教練（Life coaching）香農・阿爾德（Shannon L. Alder）曾將精神疾病定義為：「把大部分時間浪費在思考過去和未來，而不是活在當下」。根據阿爾德的說法，如果讓大部分的精力都耗在過去與未來，那麼上帝所賜予的「現在」就會逐漸枯萎，再次形成令人懊悔的過去與惶惑的未來。

　　那麼，該如何才能將注意力集中於當下？有什麼方法可以守護心靈遠離憂鬱與不安呢？這本書，提供了鍛鍊心靈肌肉的良方、尋找快樂的行動法則、心靈回顧與冥想、放鬆與伸展訓練、有氧、核心、肌肉運動等多種心理諮商治療法。藉由這些途徑，難以實際踏入諮商室的讀者們也能嘗試鍛鍊自己的心靈肌肉。如果懂得培養心靈韌性，就能

領悟到如何從各種問題情境中修復，踏上嶄新且健全的旅途。此外，還能與他人建立緊密的連結與互動，讓眼下的生活變得更加豐富多彩。接受自己與生俱來的模樣，時刻專注在當下，最終，將得以實現幸福的「Carpe diem」（譯註：拉丁語格言，意指活在當下、及時行樂）。願你能照著書中提示，一步步展開心靈肌肉的鍛練。

致渴望不受影響、
穩定心緒的你

　　我在飢餓時，性情就會變得格外敏感。某次，我因為諮商排程的關係，一直到晚上十點都沒能用餐。那時，我突然覺得自己非常委屈，忍不住心想：「明明是為了生存而工作，現在卻連飯都沒得吃」、「假如我可以在更穩定的地方工作，就不會遇到這種情況了吧？」、「忙著聽來談者的故事，結果自己連吃飯的時間都沒有。倘若我能優先照顧自己，還會像現在一樣難受嗎？」因為一直把視線滯留在無法挽回的過去，心情也開始變得憂鬱。接著，負面想法不斷地湧現：「這樣的生活要持續到什麼時候？」、「長此以往，我的健康會不會出問

題？」、「若有人指責我連自己都顧不好，憑什麼和他人談心理健康怎麼辦？」我把注意力集中在尚未發生的未來，心情也跟著變得焦慮不安。

　　當察覺到自己陷入憂鬱和焦慮，能做的事別無其他，就是趕緊讓自己去用餐。我到附近的麥當勞吃了一個起司漢堡，然後憂鬱和焦慮也瞬間消退。接著，我馬上調整自己的行程表，加入充足的用餐時間。把視線放在當下，滿足眼前的需求，於是心緒也跟著變得單純。心停留在過去、現在或是未來，指的就是這樣的意思。

每個人都會因各自的憂鬱和不安求助諮商

　　如今正是憂鬱和焦慮的時代，雖然我們的生活比過去任何時期都還要豐饒，但內心卻相對地空虛。我們感受到人生的悲傷與不幸，望著不確定的未來，無法從焦慮

中擺脫，即使被憂鬱和不安蠶食也無所謂。

　　憂鬱和焦慮，其實都與「失去」密切相關。失去某個人、角色、狀態或信念等珍貴事物，會引發憂鬱的感覺；預測自己未來可能會失去某項事物，則與焦慮的情緒息息相關。換句話說，憂鬱是因為心滯留在過去，焦慮則是因為心徘徊於未來。**當我們被過去和未來的「失去」束縛，以致於無法活在當下時，就會感受到過去留下的憂鬱，以及未來所引發的不安。**

　　當然，我們不能斷言憂鬱皆起源於過去，焦慮皆源自於未來。因為即使視線停留在未來或現在，仍免不了經歷憂鬱；相反地，就算讓心停留在過去，也依然會經歷不安。僅憑過去或未來等時間概念，無法完整地解釋引發憂鬱和焦慮的原因。但是，憂鬱和焦慮確實與過去和未來密切相關，因此，在這本書裡，**我們將深入觀察這兩種情緒在過去和未來會以怎樣的面貌出現，並進一步說明如果想擺脫時間束縛，眼下的我們應該做些什麼。**

過去，我以臨床心理師的身分在綜合醫院的精神科任職，如今則在地區型的諮商中心工作。在此過程裡，我感受到醫院與諮商中心的界線正逐漸消失：有些人會因為粗心大意、思緒混亂等理由，就到大學醫院的精神科求診；有些人則是罹患嚴重的憂鬱症，懷有自殺的念頭，卻還是只到小型的諮商中心求助。此外，我在諮商中心碰到的案例也相當多樣，有同時接受藥物治療與心理諮商的人，也有需要定期吐露心事，進行所謂「精神管理」的人。如今的時代，已經不是因為問題嚴重才會去尋求心理諮商或精神科治療，而是每個人都會為了維護心理健康而前往諮商中心或醫院求助。

　　假如有人問我：到諮商中心求助的人大多是什麼問題？我想大致可以歸納為「憂鬱和焦慮」。有些人是因為和戀人之間的矛盾而感到憂鬱，有些人則是在前所未有的就業困難中忍受焦慮，或者從小就習慣於父母的言語暴力及虐待，深信自己毫無價值可言。此外，也有些

人痛苦無處傾訴，對此感到孤獨，又或者過於介意他人的視線與評價，導致沒有勇氣選擇自己渴望的事物。雖然每個人的生活與故事各不相同，但憂鬱和焦慮卻同樣深植於心。

擺脫後悔與擔憂，專注地活在當下

在這本書裡，首先將說明為何在眾多情感中，必須格外理解並管控憂鬱和焦慮——這兩種最常見也最危險的情感，它們既相似又不完全相同。此外，有不少人同時面臨了上述兩種情況，以致於難以區分自己的感受和經歷。假如能對憂鬱和焦慮擁有全面的認知，那麼在正式處理問題時必要的基礎就會變得更為穩固。

接著，我們將進一步探討如何辨別及緩解憂鬱狀態。所謂的「憂鬱」，指的是視線停留在無法改變的過

去，對此反覆咀嚼的心理。此外，我們也將仔細分辨憂鬱感和憂鬱症的差異，綜觀過去留下的各種憂鬱形態，提供實用且有效的管理方法。

接下來，則進入如何辨別及緩解焦慮狀態。所謂的「焦慮」，指的是視線滯留在尚未發生的未來，對此感到擔憂的狀態。在這個章節裡，我們將深入分析日常型焦慮與焦慮症的差異，並探討未來所帶來的各種焦慮型態，以及我們該如何有效地加以管控。

最後，我將更詳盡地介紹基本且長期性的心靈整頓法，有助於控制憂鬱和焦慮狀態。鍛鍊心靈肌肉的過程共有十六個階段，是面對憂鬱和焦慮時可以共同使用的方法。寫作時，我並未侷限於特定的心理學領域，而是從認知行為、接納與承諾療法、心理動力學、人本主義、依附、家族系統排列、客體關係等理論中，廣泛地汲取了有益的概念。

書中的內容對一般讀者來說，有些可能耳熟能詳，有些可能相當陌生。因此，為了讓所有人都能學會鍛鍊自己的心靈肌肉，我盡可能詳細地解釋，希望能像在諮商室裡面對面交談般生動。此外，希望大家「坐而言不如起而行」，與其花時間思考哪一種方法有效，不如把書裡提及的方法都實踐一遍。假如這本書很難一次讀完，不妨把它放在身邊，每當遇到心理方面的煩惱時，就翻開來讀一讀；或者將時間拉長，一次挑選一個部分來吸收。無論哪一種形式，都可以在過度的憂鬱和焦慮中，好好守護自己的心。

願各位讀者能擺脫過去留下的憂鬱、未來帶來的焦慮，輕鬆地活在當下，而首要之務，就是每天鍛鍊自己的心靈肌肉。希望透過這本書，**大家都能不被過去或未來動搖，理解並熱愛現在的自我，擁有健全的心態，牢牢地抓住眼前的每一刻。**

本書作者　金雅拉

Chapter 1

不同的情境，
相似的情感

為什麼
必須深究憂鬱和焦慮

最常見
又最危險的情感：
憂鬱和焦慮

　　皮克斯的動畫片《腦筋急轉彎（Inside Out）》，是一部細膩描繪人類內心情感的電影，分別以樂樂、憂憂、驚驚、怒怒和厭厭五個擬人化角色登場，詮釋快樂、憂愁、恐懼、憤怒、厭惡這五種情感，而這些情感會在主角萊莉遭遇某些事件時出現，進一步表達或調節其心情。

　　這部動畫片《腦筋急轉彎》的內容，立基於研究情緒和面部表情的心理學家保羅·艾克曼（Paul Ekman）的「六種基本情緒理論」。據保羅·艾克曼的理論指出，快樂、悲傷、厭惡、恐懼、驚訝、憤怒這六種情緒，和語言或文

化圈無關，是人類遺傳上內在的基本情感，並且會互相交融而成各種複合情緒。與此相似，研究情感、自殺與暴力的美國心理學家羅伯特‧普拉奇克（Robert Plutchik），在「情緒輪（Emotion Wheel）」理論中將快樂、悲傷、厭惡、恐懼、憤怒、驚訝、期待與信賴列為八種基本情緒，並指出這些情感會融合交錯，產生各式各樣的雙重或複合情緒。

經常感到憂鬱或
焦慮的原因

情緒，是我們針對某種現象或事件在心裡產生的感覺或心情，從愉快（好）和不愉快（壞）開始，逐漸發展並且細分化。大約在嬰兒出生五～六個月時，不愉快的情感會劃分出憤怒與厭惡；九個月時，則進一步分化出恐懼。同樣的，愉快的情感亦會延伸出快樂、幸福、愛情等，大約在一歲左右，便可以感受到人類基本的六種情感。接著，十八個月左右將開始認知到何謂羞恥，三歲時則可以體會罪惡感等複雜的情緒。

這些情感的產生，是因為伴隨著大腦的發育，認知結構也一併獲得了成長。換句話說，隨著看待自己與他人的能力逐漸發展成熟，我們就會開始體驗到複雜的情緒。同一種情感會一而再、再而三地分化，變得更為細膩與複雜。原本只能區分喜歡或討厭的人類，將發展到足以體會愛憎兩種衝突情感的狀態。

經過大腦快速發展的青少年期，接續進入成年期後，我們會感受到更多的情緒。但是，情緒不會再自動分化或發展，唯有理解並接受自己經歷的情感，才能感受到下一個層次的情緒。這就是為什麼我們難以區分自己是憂鬱還是焦慮，只意識到自己「不快樂」的原因。**假如我們無法對情緒進行細分，或者只強調、突顯某些情感，那麼就難以體會到各種情緒，並且只能籠統地以愉快或不愉快來分類。**

近來，美國加州大學發表了一項研究結果，指出人類普遍的情緒共有二十七種。研究團隊向受試者展示了各種主題的影像，接著請他們自由表達內心的感受。在此，受試者表現出具有共通性且類似的情感反應：感嘆、憧憬、

欣賞、愉悅、憤怒、焦慮、敬畏、尷尬、無趣、祥和、混亂、渴望、嫌惡、共鳴引起的痛苦、投入、興奮、害怕、恐懼、有趣、快樂、享受、安心、愛、悲傷、滿足、性欲、驚訝。受試者在解釋自身感受時需要的情緒不只六種，而是二十七種，這也意味著上述情緒是人類普遍的情感。

為什麼必須對憂鬱和焦慮進行管控

無論是六種、八種，還是二十七種，在這麼多的情緒當中，為什麼我們要特別關注憂鬱和焦慮呢？原因就在於憂慮和焦慮很可能發展為精神障礙。亦即，憂鬱和焦慮可能不只是生活中自然經歷的情緒，還會演變成帶來痛苦、影響日常機能的精神疾患。實際上，憂鬱症與焦慮症也是人們最常經歷的精神疾病，據 2021 年韓國保健福祉部的《精神健康狀態調查》顯示，韓國國民憂鬱症的終生患病率為 7.7%，焦慮症的終生患病率為 9.3%。換句話說，每一百人當中，有 7 ～ 10 人一生至少經歷過一次憂鬱症或焦慮症，這就是我們必須格外留意這兩種情緒的原因。

憂鬱和焦慮，也是來談者在諮商室中最常見的主訴，在我任職的諮商中心裡，初次前來的人有 90% 以上皆以此為主要問題。當中不少人是為其中一種情緒所苦，但也有很多人是同時處於憂鬱和焦慮的狀態。由此可見，憂鬱和焦慮對我們來說是極為常見的心理問題。有時會碰到來談者為自己貼上憂鬱或焦慮的標籤，也有些人不知道問題所在，卻可以在他們身上觀察到這兩種情緒。

憂鬱和焦慮之所以如此常見，原因就在於它們是由多種情感結合而成的複合情緒。或許每個人不盡相同，但憂鬱大致是由悲傷、罪惡感、孤獨、憤怒、缺乏價值、絕望、敏感等情感融合而成；焦慮則是由憤怒、恐懼、嫉妒、失望、慌張、悲傷等交織而來。因此，我們必然會普遍地感受到這兩種情緒，對此絲毫不覺得陌生。**而唯有對憂鬱和焦慮有所認識，並具備調節的能力，才能時時守護好自己的心理健康。**

憂鬱和焦慮
是一樣的感情嗎？

　　我們每天都會經歷許多不同的情緒：一大早起床覺得疲憊，通勤時擠在地鐵裡感到鬱悶；因為反覆的失誤而陷入挫折，又或者因他人的視線而焦慮不安。不過，我們通常分不清這些情緒的名字，因為無法識別各式各樣的情感，於是只能用煩躁或生氣來概括。明明是感到疲倦、鬱悶、挫折與不安，卻總是用煩躁和生氣來表達心情，之所以會產生這樣的狀況，**就在於我們從未學習過如何感受瞬間的情緒。**

　　憂鬱和焦慮是現今社會十分常見的心理問題，但我們卻不清楚它們具體的樣貌。我們不知道自己感到憂鬱時的狀

況，當然也無從知曉他人陷入焦慮時會是什麼模樣。如同前文所述，因為憂鬱和焦慮屬於複合情緒，唯有我們能夠具體地予以分辨，才能針對每一種情緒進行細部的管控。

不同的症狀，不同的機制，
不同的應對方法

憂鬱和焦慮的症狀是不同的，前者的症狀包括情緒低落、無力感、興致缺缺、食欲及體重減少或增加、失眠或嗜睡、不安及焦躁、思考及行動遲鈍、疲勞、價值感低落、注意力不集中、自殺意圖（Suicidal ideation）、反覆回顧過去等。相對的，焦慮的症狀表現為睡眠障礙、消化不良、心悸、呼吸困難、易怒、肌肉緊繃、疲勞、無法緩解的憂慮型思維、對他人的視線敏感、注意力難以集中、強迫控制、完美主義等。

此外，憂鬱和焦慮的生物學機制亦不相同，涉及的大腦區域及神經傳導物質不一樣，所以使用藥物治療時的方法也有所區別。憂鬱主要與血清素、正腎上腺素和多巴胺

的缺乏有關。被稱為「幸福荷爾蒙」的血清素，和能量、興致與動機息息相關的正腎上腺素，以及與運動機能、注意力和內在動機有關的多巴胺，皆能使人感受到幸福與快樂，並有助於調節睡眠，減輕憂鬱和不安。

簡單來說，一般健康人的大腦裡，這些物質會維持在適當的濃度，但對罹患憂鬱症的人來說，大腦裡的這些物質卻顯得不足。因此，在憂鬱症上最廣泛使用的處方，就是選擇性血清素回收抑制劑（SSRIs）、正腎上腺素與血清素回收抑制劑（SNRI）等藥物，以幫助血清素及正腎上腺素能在神經細胞內停留更長的時間。雖然焦慮症狀也可以用抗憂鬱的藥物進行治療，但通常會與苯二氮平類（Benzodiazepines）的藥物搭配使用。因為苯二氮平類的藥物可抑制興奮的神經，強化神經傳導物質 GABA 的鎮靜功能，有助於穩定情緒。

心理治療也一樣，例如藉由改變來談者扭曲的認知（想法）以解決心理問題的認知行為療法，其中增加獎賞經驗的行為活化（Behavioral activation），以及改變引發自我挫敗的非理性信念，在對抗憂鬱症方面十分有效。相反

地，降低身心緊張、壓力狀態的放鬆訓練，則對減緩焦慮有顯著效果。此外，在諮商技巧中，也存在著有效降低憂鬱感，或者更適用於減緩焦慮狀態的方法。

當然，憂鬱和焦慮仍有些相同的症狀，在很多情況下兩者亦會相伴出現。因此，無論是透過藥物或心理治療，都可能會對症狀採用同樣的方式處理。然而，恢復心理健康的第一階段，還是在於識別憂鬱和焦慮的差異性，這也是為什麼初次到訪心理諮商所或精神科時，必須先進行心理評測。唯有正確掌握來談者或患者當下的狀態，才能提供最適當的治療，助其恢復健康。

因為消化不良而頭痛時，如果當成感冒來醫治，頭痛的狀況只會一直持續。未找到真正的原因就下處方，恢復之路自然無比地漫長。憂鬱和焦慮也是同樣的道理，如果正在經歷憂鬱症，但是卻只把治療的重點放在焦慮上，那麼就等於否定了內心的一部分。憂鬱只有在對症下藥時才會獲得緩解，焦慮亦然。因此，準確地診斷出癥結點，才是康復最重要的起始。

面對「失去」的態度

在人生的旅途上，每個人都免不了遭逢「失去」。一般來說，我們最常想起的可能是與相愛之人離別、死亡、失敗或失業等，但其實所有事物，都足以成為「失去」的對象。有可能是珍愛的人或物品、社會經濟地位、健康、時間，或者想要守護的信念等。無論失去什麼，我們只要經歷此過程，就會感受到情緒上的痛苦。然而，有時在面對失去時，我們會聽到這樣的話：

「生活本來就是這樣，每個人都會經歷類似的痛。人生就是痛苦的連續，忘了吧，時間會治癒一切的」

就算明白「生活本就如此，每個人都必須面對，人生本來就充滿痛苦」，嚐到的痛也不會就此雲淡風輕，更不會從中得到安慰。因為「失去」的經驗完完全全屬於我。

憂鬱和焦慮也都和失去有關。所謂的「失去」，指的是某個重要人物、角色或物品等對象的消失或消逝。當我們遺失了某件珍貴的物品，內心就會感到憂鬱；又或者面對喜愛的人過世、離開自己全心全意付出的公司時，心底也

都會產生憂鬱的感覺。此外，若我們預期未來可能失去某些珍貴的事物時，就會變得焦躁不安。像是認為自己無法擁有一個安心休息的家，或者可能因疾病失去健康時，自然就會感到焦慮。

　　憂鬱和焦慮最大的區別，就在於對待「失去」的態度。假如過去曾失去珍貴的事物，就很容易經歷憂鬱；倘若總是預想自己未來將失去珍貴的事物，就極可能陷入焦慮。換句話說，當心停留在無法挽回的過去時，就會產生憂鬱的情緒；當心漂浮在難以預測的未來時，就會落入焦慮的漩渦。

為什麼憂鬱和焦慮
很難區分呢？

　　如前文所述，憂鬱和焦慮呈現出完全不同的樣貌，生物機制與藥物的作用機制、心理治療方法、面對失去的態度等，也都存在著很大的差異。當然，兩者表現出的症狀亦各不相同，憂鬱會產生無力感、興致減少，並經歷食欲或體重的變化，自我價值低落或自殺意圖更是憂鬱的主要症狀。而焦慮的主要徵兆為心悸、呼吸困難等身體症狀，隨著擔心的事物增加，感覺超出掌控範圍時，就會企圖強迫控制自己的日常。

類似的症狀與
不適的感覺

睡眠問題、消化不良、疲勞感、認知障礙、焦躁等幾種症狀，在憂鬱和焦慮症中都能見到。因此，我們往往會分不清自己經歷的究竟是憂鬱還是焦慮。「一直強調憂鬱和焦慮不同，但現在又說兩者具有同樣的症狀？這到底是什麼意思呢？」如果你也有類似的疑惑，接下來就讓我簡單說明。

假設你突然覺得頭痛，一定會開始思考：「為什麼頭痛呢？因為剛剛吹了冷風？晚上吃的五花肉消化不良？有感冒徵兆？還是因為最近有很多煩心的事？」造成頭痛的原因有很多種。換句話說，頭痛只是一個症狀，但導致頭痛產生的原因非常多樣，可能是感冒、消化不良，也可能是操心的事情過多。同樣的，睡眠問題、腸胃不適、疲勞感、認知障礙、焦躁等症狀，在處於憂鬱和焦慮的狀態之際都有可能出現。

此外，憂鬱和焦慮代表了自己目前處於不滿意和不舒服

的狀態，在這一點兩者非常相似。差別只在於憂鬱是因目光停留在過去，焦慮則是因視線集中在未來，進而受到了影響。**由於兩者身處的時空都是「現在」，若沉迷於過去或執著於未來，會讓自己當下的心無法獲得滿足，這就是憂鬱和焦慮的共同點。**

如硬幣般
無法分割的兩面

憂鬱和焦慮很多時候也會相伴出現。以我任職的諮商中心為例，在 20 ～ 40 多歲、初次訪問的來談者中，有約 50% 的人單獨勾選了憂鬱或焦慮，而兩個項目同時勾選的人也佔了約 50%。後者的情況稱為「共病症」（Comorbidity），亦即同時經歷著憂鬱和焦慮。雖然根據研究的不同略有差異，但憂鬱和焦慮的共病率通常為 50 ～ 60%。變態心理和研究方法學大師蒂莫西・布朗（Timothy A.Brown）和大衛・巴洛（David H. Barlow），推論憂鬱症和焦慮症的終生共病率約為

75%，有些研究者則認為兩者其實是一樣的疾病，只是因症狀的連續性而顯得不同──這就是為什麼我們很難準確地區分憂鬱症與焦慮症。

憂鬱和焦慮有時會單獨出現，但更多時候是相伴而生；當兩者共存時，就會對臨床的治療結果造成負面影響。不斷有研究結果指出，患有憂鬱症及恐慌發作（Panic attacks）的人，不僅很難適應日常生活，自殺的危險性高，且治療的癒後效果也不佳。然而，**憂鬱和焦慮就像硬幣的兩面，是一種不可分割的關係，很多時候憂鬱會引發焦慮，焦慮也會招致憂鬱。尤其是慢性憂鬱或焦慮的人，經常出現這種固定模式。**

患有慢性憂鬱的人，因為經常充滿無力感，以致於難以取得成就。因此，在需要發揮能力、提出成果的環境裡，他們擔心及不安的指數就會急遽上升。亦即從憂鬱開始，後來也漸漸地感受到焦慮。反之，患有慢性焦慮的人，經常處於緊張狀態，在日常生活中會消耗極大的能量。即使面對瑣碎的事情，他們也習慣去預測不安的未來。因此，當處於高壓狀態時，便容易表現得缺乏效率，反覆出現失

誤，最終陷入自責的迴圈，認定自己毫無價值。這種情況，就是慢性焦慮引發了高度的憂鬱。

就像這樣，憂鬱和焦慮的關係非常微妙，既相似又不完全相同，可能交替出現，也可能同時或單獨浮現。焦慮會招致憂鬱，憂鬱也會引來焦慮，因此，我們必須明確地辨別自己現在究竟是憂鬱或焦慮，亦或同時經歷著上述兩種情緒。此外，我們也需要具備能夠處理憂鬱和焦慮的力量。

必須懂得控制
憂鬱和焦慮的時代

　　近來我們的社會充滿了憂鬱和焦慮，隨著技術發展，前所未有的就業困難導致失業率日漸上升。擁有高學歷、資歷豐富的青年們，比以往都還要煩惱生計問題，找不到自己的落腳處。經濟兩極化與價值觀分化漸趨嚴重，在政治、經濟、文化及教育等社會各個層面，充斥著腐敗與不公平的競爭，是一個社會不平等、不公不義迅速蔓延的時代。此外，勞動價值亦大幅下降，無論如何努力，都有一種得不到回報的無力感。

　　由於居住不穩定，無法安心生活的人愈來愈多，自殺率也持續升高。根據韓國保健福祉部及韓國生命尊重希望財

團公布的《2022 自殺預防白皮書》，韓國的自殺率為每十萬人中就有 24.6 人，是 OECD 平均的 2.6 倍，在成員國中位居第一。而新冠疫情的爆發，更讓人們的活動範圍受限，處於束手無策的狀態。無法與他人見面或對話，自然會感到加倍地憂鬱和焦慮。

事實上，社會結構的問題對現今時代影響甚鉅，前文提到的就業困難、高失業率、經濟兩極化、價值觀分化、社會不平等、勞動價值下滑、居住不穩定等問題，如果未能徹底獲得解決，人們就很難擺脫憂鬱和焦慮。不過，這本書準備談的是個人的內在部分，先不論社會結構應該如何改變，我想分享的是一個人要如何在現今的時代中正常生活。首先，讓我向一起背負起時代苦難的各位表達敬意。

不要把拿過去的自己來比較，也不要任意揣測自己的未來

想要好好生活，但從過去到現在都未能做到，於是憂鬱就找上門來；想要好好生活，但覺得未來的自己無法過上

那樣的日子，於是焦慮就隨之浮現。換句話說，憂鬱和焦慮的初衷，都是希望自己能過得順心如意。我們在人生的各個階段，都會因不同的問題而對現況感到沮喪與憂鬱：10 幾歲時埋首於入學考試，20 多歲時忙於就業，30 多歲時為結婚和育兒煩惱，40 多歲時因居住問題而心煩，50 歲後則開始擔心養老問題。在提倡認真撫養孩子、做好養老準備就等於「好好生活」的世界裡，我們不斷地審視過去、現在和未來的自己。

　　然而，「生活順心」指的究竟是什麼？你是否覺得自己的生活水準應該要和他人差不多？或者你是否自認為落後，覺得問題都出在自己身上呢？**憂鬱和焦慮總是隨著「比較」而來，可能是與他人的競爭，也可能是自己與自己的比較**。憂鬱和焦慮，通常起因於無法期待更好的未來，那麼，在這個處處令人失望的世界裡，自暴自棄難道是最好的方法嗎？當然不是。任何時代都存有希冀，如今，我們應該思考如何在這樣的環境裡不輕言放棄，並且在心中持續擁抱著期待。

隨心理規律變動的
憂鬱和焦慮

　　我相信這世上有看不見的規律，有人透過觀察樹上掉下來的蘋果，發現了萬有引力定律；有人利用速度的原理製造了汽車；還有人研發出全新的藥物，能針對大腦的機制發揮特定作用。人們總是在日常中不停地尋找隱藏的規律，而我特別熱衷於發掘心靈、人及生活的法則，像是「身體需要運動，心靈也需要鍛鍊」、「痛苦能使人成熟」、「唯有處於團體之中，才能維持健康的心靈」等等。

　　我們從小就要學習各種事物：走路的方法、如何與朋友相處、適當的禮儀，摸索著他人和世界的模樣。隨著年紀增長，還要學習「大韓民國的首都是首爾」等常識，以及

國語、英語、數學等知識。但奇怪的是，我們從來都沒有學過「如何了解自己」，也不曾深入探討過自我的想法與情感，更遑論心靈的規律。**就這樣，只有身體長大成人的我們一下子就被拋向了世界，然後因為各種心理問題而陷入困境。**

具備心理察覺能力，
方能窺見思維運作的準則

近來的時代關鍵詞是「我」，換言之，這代表很多人至今為止都不太關心自我。最近如果造訪書店，經常可以看見心理勵志類書籍登上暢銷排行榜。雖然大眾到現在才開始試著了解自我，但這樣的努力著實讓人感到慶幸。唯有理解不曾發覺的自我，體察自己的心，才足以過上豐富、充實的生活。

對自己的內心狀態感到好奇，能正確認知、把握自我核心並進行修正，這樣的能力稱為「心理察覺能力」（Psychological mindedness）。具備心理察覺能力，

意味著我已經準備好從心理上接受自己的問題，並且能進一步展開分析。更簡單地說，就是有能力洞悉自己的心理狀態。據專家指出，心理察覺能力的不同，會在個體變化的程度上造成極大差異。

我們的內心有許多紋理，每一個動作都會與數萬個思維緊緊相繫。在決定晚餐要吃義大利麵或河粉時，我們除了會考慮自己想吃什麼，也會同時顧及到同桌人的渴望。此外，我們也有可能深愛著一個人，但又對其恨之入骨，亦即同時感受到兩種極端的情感。**觀察自己的內心紋理，一層一層地撥開，就能更全面、更細膩地剖析自我。**

假如你正在閱讀這篇文章，代表你已具有相當出色的心理察覺能力。或許是想觀察看不見的心理狀態，擁有正確的認知並加以修正，又或者是想擺脫複雜混亂的思緒，所以才翻開這本書吧。接下來我所進行的引導，將會是統整並理解自我心靈的過程，也將逐一分析那些隱藏的心理規律。這些內容，是臨床心理師、心理學家、精神科醫師等各領域的心理專家長期研究、查證的理論，而我們將會把重點放在有關憂鬱和焦慮的部分。

憂鬱和焦慮，會根據我們的視線停留在何處而產生不同的型態，當然，兩者也各有不同的應對之道，就像憂鬱時必須讓自己動起來，焦慮時則傾向放鬆身心一樣。**假如可以知曉自己陷入憂鬱和焦慮時的模式與樣態，便能有效地予以控制。**因此，希望現在的你能明確掌握自己的心理狀態，藉此獲得必要的幫助。人生中存在的心理規律，遠比本書收錄的還要更加多樣，願各位讀者都能在日常生活中發掘自己或大或小的心理規律。接下來，就讓我們先看一下憂鬱和焦慮運作的整體原則。

Chapter2

為什麼心有時很脆弱，
有時又很強韌？

心，其實是
人類與生俱來最強韌的肌肉

你知道
如何溝通嗎？

　　某天，我因為很好奇人們都在聊些什麼，又是怎麼溝通的，所以就坐在咖啡廳裡聽周圍的人對話。但是，當天我卻受到不小的衝擊——人們對話的方式，看起來就像中間豎著一面透明隔板，每句話都撞到隔板後再反彈回來，各自講各自的。為什麼會這樣呢？理由就在於我們根本不懂該如何對話，也就是所謂的「溝通方式」。

　　「溝通」在辭典中的意思是：「暢通無阻，互相理解且沒有誤會」。所謂的溝通，不是兩個人坐下來面對面，各自講各自的故事，而是雙方的心意暢通無阻地傳達給對方，彼此沒有任何的誤解。不過，我們平常在和他人對話

或講述自己的故事時，經常會因滯礙不通而覺得鬱悶，有時也會在交談中受到創傷。之所以會有這樣的情況，原因就在於很多時候我們的話語只是在空中飄浮，並未實際傳達到對方心底。缺乏溝通的對話愈頻繁，我們的心力就愈容易被耗盡，漸漸地，你將會不想說話，也不想再和任何人進行交流。

只抒發己見的話，
溝通將會窒礙難行

溝通不順的原因在於心態，也就是希望自己講得多、聽得少。有些人可以滔滔不絕，有些人則不善言辭；同樣的，有些人喜歡講述自己的經歷，有些人則善於傾聽他人的故事。然而，有一點相當明確：只要是人，就會渴望把自己的故事說出來。

有時我們之所以漸漸變得只聽而不回應，理由就在於無法順利地進行溝通。假如有人願意給予傾聽，彼此能夠暢所欲言、毫無阻礙的話，那麼本來沉默寡言的人，也會雀

躍地說出自己的心裡話。相反的，有些人不管對方是否關心自己想說的內容，就單方面地喋喋不休，在這種情況下，即使說的話再多，心裡也會因為溝通不順而感到鬱悶。或許，這樣的人說的話還會愈來愈多，一心渴望獲得關注。

此外，溝通受阻還有另一個原因，就是習慣一開始就否定對方的話。仔細觀察最近大眾的對話方式，會發現許多人抒發己見時經常以「不是」、「但是」作為開頭。這些詞語，雖然意在要求對方專心聆聽，但與此同時也可能打斷了他人發言。無論是誰，在自己的話語被用「不」這個字否定，且必須把發言權交出去時，都有極有可能感到溝通不良。這種對話的習慣，或是單方面抒發己見的態度，都會阻礙真正的溝通。

來到心理諮商所的大多數人，都是因為在日常生活中遭遇了溝通困難。當他們沒有地方傾吐心事，或者說話時總是遭到無視與批評，就會為了找人對話而前來諮商所。每當詢問他們的來意時，總會得到這樣的答案：「因為沒有地方說話，所以想偶爾過來聊聊天，整頓好自己

的思緒」。這種現象，證明了我們在生活中經常缺乏「有效的溝通」。

然而，只要不是面臨難以解決的嚴重情況，或者因長期溝通不良累積了根深蒂固的情緒，心理上相對健康的人，在諮商師認真傾聽的情況下，都會產生很大的改變。因為在經歷溝通之後，阻塞的心便開始能如活水般流動。各位的情況如何呢？現在的你，是難以傾聽他人說話，還是難以說出自己的心聲？在日常生活裡，你是否和周遭的人沒有誤解，能夠順暢地互通心意呢？

無法
按個人意志
做出選擇的人

　　「你比較喜歡媽媽，還是爸爸？」面對這樣的提問，先前猶豫不決的孩子，慢慢地開始選擇了正確解答：「兩個都喜歡」。原本以明朗的表情回答「喜歡媽媽」的孩子，發現了爸爸有些失望，就好像「媽媽」不是正確解答一般，依然不停地追問自己。因此，孩子們漸漸學會了更換答案，然後把自己的心意也修改成「兩個都喜歡」。這個過程，是孩子隨著年齡增長學習到的社會化，但若稍有不慎，也很可能成為自主性發展不佳的契機。因為原本表示喜歡媽媽的孩子，比起自己想要什麼，更優先考慮到的是他人的視線與心情，逐漸進入了不知道自己心意的狀態。

唯有先培養自主性，
才能洞察自己的心意

我們必須有能力在眾多選項中擇一，並為此擔起責任。試想一下，某天你前往餐館，菜單上只有炸醬麵和辣海鮮湯麵兩種餐點。此時，你必須思考一下自己比較想吃什麼，然後做出決定。你的選擇可能是基於「比較喜歡辛辣口味」、「天氣冷想喝熱湯」、「本來就比較喜歡口感微甜的炸醬麵」、「雖然兩樣都愛，但炸醬麵比較好吃」等各種理由。面對選擇，有些人會馬上做出決定，也有人會猶豫很久，反覆思考點哪一樣才是最好的。

這種時候，「自主性」就是不可或缺的能力。所謂「自主性」，指的是可以自行選擇和決定生活方向的能力。當我對自己的選擇擁有主控權時，就會以「具有自主性」來形容。據發展心理學家與心理分析學者艾瑞克·艾瑞克森（Erik Erikson）指出，2～3歲是孩子自主性發展的關鍵時期，而導致自主性發展不佳的環境分為以下三種：

第一種是父母不給孩子選擇權，也就是父母提前幫孩子

做好了決定。在遊戲時間時，孩子可以自行選擇要看書或玩玩具，但如果父母只給孩子看書這個選項，就等於剝奪了孩子發展自主性的機會。第二種是父母經常否定孩子的決定。例如當孩子選擇要玩玩具時，父母就出聲勸戒：「與其玩玩具，多看一點書比較好」，以此來否定孩子的選擇。第三種是父母經常對孩子的選擇表示擔憂。有些父母雖然不會強烈拒絕孩子的要求，但是會不斷地表現出焦慮和擔心，以求孩子改變自己的選擇，例如「現在玩玩具好嗎？會不會危險？」以此來干涉孩子的決定。父母的這種反應，會讓孩子隱約覺得自己的決定是危險或不恰當的。

自主性的發展需要經歷以下的過程。首先，孩子在面臨選擇時，必須擁有獨立思考和決定的機會；如果自己的選擇被認可和接受，孩子就會產生自我效能感。每一次的選擇，都有可能招致負面結果，也可能帶來令人滿意的收穫，唯有經過反覆的嘗試，累積為自己負責的經驗，才能擁有人生由自己決定的掌控感。自主性低的孩子，不僅不曉得自己喜歡什麼、想選擇什麼，也會因釐不清思緒而陷入混亂。此外，他們還會經常依賴能為自己做選擇的對象，或

者總是對其察言觀色。因為自主性低，除了會導致孩子難以相信自我，對他人的心理依賴程度亦會隨之上升。

自主性在情緒方面也是以同樣的方式發展。假如孩子哭著對媽媽表示念書好累，但媽媽卻否定道：「不要覺得累，念書哪裡會累？」或者以攻擊的語氣挖苦道：「你覺得累？累的人應該是我吧！」那麼，孩子就會漸漸失去對情感的自我掌控，甚至還會覺得「原來這種程度不能喊累」，又或者開始煩惱「現在的我覺得辛苦是正常的嗎？」，對自己的情緒陷入懷疑，亦即情感的自主性受到了剝奪。假如這種情況持續加劇，還可能演變成不知道自己感受到何種情緒的狀態。

假如你讀不出自己的心情，那麼就從此刻重新起步吧；如果你找不到自己的想法或情緒，那麼就從自主性開始慢慢培養吧。因為喪失自主性的心，很有可能會讓憂鬱和焦慮悄悄找上門。

誤以為
自責和擔心
是錯的

　　人類是理性的動物，還是感性的動物呢？當然，人類同時具備了理性與感性，但我認為，人類的本性是以感情為基礎，在此之上又培養了理性。孩子在出生後，最先表現出的行為就是哇哇大哭，這是非常情緒化的反應；在長大成人後，更會與朋友吵架、與戀人相愛，經歷各式各樣的情感。然而，在現今社會裡，多少有種褒揚理性、貶低感性的傾向。例如「你太感情用事了」，這句話比起正向的稱讚，或多或少帶著些許負面意涵。

負面的情感
沒有錯

　　喜悅、悲傷、憤怒、恐懼、驚訝、憂鬱、不安、焦躁、煩躁、安心、感激、羞恥、興奮、心動、無聊…我們可以感受到非常多樣的情感，而這些情感，主要分為積極與消極兩類。這兩個類別看起來不難區分，讓人覺得舒服、總是想體驗的話，可以說是積極的情感；反之，如果一點都不想經歷的話，就可以說是消極的情感。那麼，積極的情感就一定是好的，消極的情感就一定是壞的嗎？不去感受負面情緒才是對的嗎？

　　在諮商室與來談者見面時，經常碰到有些人因為負面情緒而自責，像是「對某人發脾氣、心生厭惡是不對的吧？」、「我總是感到煩躁，問題好像出在我身上」、「我為什麼如此憂鬱又焦慮呢…」等等。之所以會有這樣的情形，可能是因為他們打從心底就認為負面情緒是錯的，然而，負面情緒的產生其實是很自然的現象。

　　試想一下，假如有人拿刀追著你，當下感到寒毛直豎、

心跳加速，內心感到恐懼和不安等，這些都是理所當然的反應。因為在危險的情況下，自然會讓人產生懼怕與焦慮的情緒；假如沒有任何的感覺，那才是真正的異常。接著，請再想像一下和戀人分手的情境。此時若感受不到悲傷，甚至覺得開心或輕鬆的話，反而是不健康的反應。因為我們在經歷失去時，通常會感受到悲傷與絕望。

對於眼前的情況產生相對應的情緒，這是非常自然的現象，沒有必要因為負面情緒而擔心或自責。其實，能夠在生活中體驗到負面情緒，反倒證明了心理狀態的健康。情感沒有所謂的好壞或對錯，一切都僅取決於我們的需求而已。

只強調
理性的社會

　　我們經常有意無意地強調理性，把感性視為未開化的領域，換句話說，我們會認定理性的人邏輯清晰且成熟，而感情用事的人則是幼稚且衝動。此外，當我們在做決定時，總是會反問「為什麼要讓情感介入」，或者主張「不要用情感來下判斷」，深信唯有排除情緒、保持理性，才能做出最恰當的選擇。不過，其實這種說法是錯誤的，**若想做出合理的決策，就必須讓理性和感性取得平衡。**

　　據理性情緒行為療法（Rational Emotive Behavior Therapy，簡稱 REBT，可用於改變扭曲的認知或信念）的創始人阿爾伯特・艾利斯（Albert Ellis）指出，認知

（如何思考）、情感（如何感受）及行為（如何行動）是構成人類的三大要素，圖示如下：

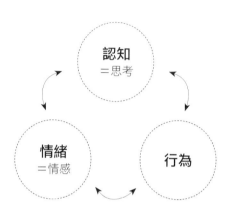

　　人類是由上述三大要素交織而成的複合體，因此，我們在面對某一事件時，幾乎是同時經歷想法、情緒與行動。也就是說，我們無法把理性和感性分開，只求經歷其中一部分。許多人誤以為理性與情感是兩個極端對立的概念，但實際上兩者彼此獨立，換言之，我們不是要在理性和情感中擇一，而是要讓兩者均衡發展。**人類不可能只偏向理性或感性，因為兩者都是不可或缺的要素。事實上，我們之所以遭遇各式各樣的問題，很多時候都起因於理性與感性的失衡。過於理性或感情用事時，問題就會隨之浮現。**

理性與感性
必須維持均衡

　　情感過度發達的人，經常因情緒的波動而備受折磨，同時也討厭自己感受到許多負面情緒。因為在情緒上投入大量精力時，很容易陷入筋疲力竭的困境。此外，如果總是按照個人的情感處事，不僅容易顯得衝動，在被情緒淹沒時，也會傾向以不成熟的方式去解決問題。這類型的人，很可能因感性而誤事或受到責難。不過，善於體察情感是非常自然的現象，也是心理健康的佐證。若想平衡理性與感性，他們需要的只是適時調節情緒，練習以成熟的方式表達情感。

　　其實，比起情感過度發達，缺乏感性所造成的問題反而較為嚴重。過於理性的人，面對事情總是不考慮自身情感，無法察覺到內心的情緒，所以不管遭遇何種情況，看起來似乎都能保持穩定而不被動搖。可是，當遇到難以獨自承受的壓力時，情況就會有所不同。**因為理性的人難以意識到自身的憂鬱和焦慮，經常放任自身的情緒不管，所以也很難向他人請求協助。**此外，他們傾向以理智化

（Intellectualization）作為主要的防衛機制。「理智化」是佛洛伊德提出的防衛機制之一，意即將自己從情感中分離出來，透過理智的分析來應對情況。例如某人與心愛之人分手，但他卻絲毫不覺得悲傷，而是試圖從邏輯方面找出分手的理由，這種情況，就很可能是「理智化」的行為。

「理智化」雖然是一種防衛機制，可以在情感形成威脅的情況下自我保護，但如果過於僵化，則可能在情緒上顯得枯竭。事實上，「理智化」的人是在無法承擔自身情感的情況下將其抽離，所以不算是一種成熟的表現。此外，除了自身情感之外，他們也很難察覺別人的情緒，看起來缺乏同理心。雖然自認為無傷大雅，但周圍的人卻可能覺得非常疲憊，他們有時也會為此前來接受諮商。

在諮商時，以「理智化」為主要防衛機制的來訪者，需要很長的時間才能形成「投契關係」（Rapport），且改善速度十分緩慢。所謂的「投契關係」，指的是在諮商過程中，與來談者形成相互信賴或親密的關係，是心理學上的用語。採取理智化進行防衛的人，很難與合作的諮商師建立親密、穩固的互動，因此，在深入探索自我內心的過程，

很可能長期都只停留在表面，給諮商師一種敷衍了事的感覺。對於這類型的人來說，面對、接受並充分感受自己壓抑的情緒，就是最必要的練習。

　　據家庭治療（Family therapy）的先驅、全面療法的創始人莫瑞・鮑文（Murray Bowen）指出，自我分化（Self-differentiation）得愈好，即理性與感性的分化愈佳，就愈是一個成熟的人。所謂的「自我分化」，指的是分離個人思想與情感的力量，也就是平衡思維與情緒，加以協調並靈活運用的能力。更進一步解釋，這樣的能力可以幫助自己在人際關係中不受他人左右，根據個人的信念做出決定，也就是擁有分離自己與他人的能力。**換句話說，唯有適當分離自己的理性與情感，保持兩者之間的平衡，與他人的關係也才會趨於圓滿。**

每個人都有
各式各樣的
問題

　　每個人都會遇到心理問題，因為某種想法或情緒不會只特定找上某個人。在日常生活裡，我們每天都會以各種形式經歷心理方面的困境。在研究生的實習階段，我主要負責接觸社會弱勢階層的孩子並與他們對話，那時，我發現經濟惡劣的環境，對於孩子們有非常明顯的情緒影響。情緒問題有可能是父母遺傳給孩子，也有可能是父母長期憂鬱，以致於孩子的情緒跟著變得壓抑。當然，心理問題並不只侷限於弱勢族群。

　　我接受臨床心理訓練的醫院，是首爾江南一間有名的綜

合醫院，因此，患者中有許多所謂社會經濟地位高的人。不過，這些位居高位者或是大企業的管理階層，和我在研究生時期遇到的孩子們並沒有什麼不同。經濟富裕、在社會上備受認可的人，也會因嚴重的憂鬱而坐在我面前，這幅情景至今記憶猶新。近年來，患有恐慌症與焦慮症的藝人愈來愈多，憂鬱症和躁鬱症的案例也層出不窮。即使坐擁財富與人氣，挾帶著極大的影響力，也不能免於心理問題的困擾。

此外，被稱為韓國最高學府的首爾大學，也經常發生令人唏噓的自殺事件。我還記得過去曾碰到一位智商高到令人驚訝的大學生，可是，他卻將自己的狀態形容為「盲人望著漆黑的夜空」。看似沒有缺憾，讓很多人心生羨慕的對象，其實也都各自背著沉重的心靈負擔。從某種角度來看，痛苦似乎對所有人都是公平的，心理方面的問題也沒有一個人能完美閃過。

隨時間流逝，
我們都需要多元的療癒法

當然，也有人至今為止從來沒有經歷過憂鬱，但這種情況能一直保持下去嗎？某些人天生帶著憂鬱的氣質，和一般人相比，他們很可能較早出現憂鬱的相關症狀。然而，就算具備憂鬱的氣質，也不一定會罹患憂鬱症；相反地，過去從未感受到憂鬱的人，如果遭逢巨大的壓力，也有可能患上憂鬱症。

從發病率來看，憂鬱和焦慮發生在女性身上的比例較高。不過，兩者是男性和女性都會經歷的心理問題。那麼從年齡上分析呢？以憂鬱症為例，最頻繁發病的階層是 20 ～ 30 多歲，其次是 60 歲以上的老年族群。也就是說，無論男女老少，每個人都會經歷心理方面的困擾。例如產後憂鬱、中年危機、更年期等心理問題，都會接連不斷地找上門。

隨著年紀增長，我們會愈來愈注重健康。年輕時即使熬夜、吃速食或不運動，身體也不會感到任何負擔，但是在

成年之後，我們就會開始接收到身體傳出的警訊。因此，為了擁有強健的體魄，我們會逐漸要求自己規律運動，攝取健康的飲食。此外，為求預防可能出現的疾病，我們也會按時服用保健食品，找尋糖尿病、高血脂、癌症等相關知識。

那麼，面對心靈的問題呢？大家有好好調適自己的心情嗎？隨著歲月流逝，壓力的頻度和強度也會漸漸提高，過去只是和朋友鬥嘴吵架，現在則是因房價、退休準備等問題感受到壓力。正因如此，以前靠逛街購物或者和朋友喝杯啤酒就能放鬆，但同樣的方法現在卻逐漸失去效果。**換句話說，我們必須開始尋找多元的途徑來解決心中的糾結，壓力的強度愈來愈高，管理心靈的方式也要隨之進化。**

從症狀和徵候
判斷心理狀態

　　症狀是我們主觀感受的判斷，例如「覺得憂鬱」、「感到焦慮」、「沒有胃口」、「胃痛」、「心臟撲通撲通狂跳」等，是患者或來談者在臨床或諮商室中所做的描述。相對的，徵候則是從外部觀察到的客觀判斷，例如「迴避眼神接觸」、「手不停地移動」、「體重減輕」、「心跳次數高」等，皆是可以獲得確認的客觀事實，通常由臨床專家進行觀察與判斷。臨床心理師一般會綜合患者或來談者的主訴，以及可直接用眼睛觀察到的客觀徵候，對其心理狀態進行評估與診斷。

　　症狀和徵候兩者非常重要，任何一項都不容忽視。為

此，諮商師必須細心傾聽來談者的主觀感受，同時在短時間內觀察對方，這樣對診斷會有很大的幫助。例如有些來談者會表示自己沒什麼不自在的地方，但眼神卻老是迴避，看起來坐立不安；有些來談者覺得自己心情很好，但表情卻流露出厭世感；有些來談者不斷強調自己既憂鬱又倦怠，但平常睡得香也吃得好。假如症狀和徵候兩者出現不一致的情況，我通常更相信徵候，因為來談者的主訴，很可能已經受到了心理疾病影響。

感受到的自我
與實際狀態不同

最近有很多人造訪諮商所，希望辨別自己的心理困境是否需要接受治療。這時，除了判斷來談者主觀感受的問卷之外，我也一定會直接和對方面談。因為如果缺少了實際見面、交談的過程，單靠來談者自行敘述的症狀，評估結果的可信度會大幅降低。然而，令人驚訝的是，當來談者聽到心理評估的結果比自己想像得更嚴重，或者需要諮商師的治療時，許多人都會感到驚慌失措。雖然是在一知半

解的情況下到醫院或諮商所求診，但之所以會感到慌張，還是因為他們多半認為憂鬱症或焦慮症離自己很遙遠。相對的，有些人聽到自己需要接受治療時，反而能夠獲得安慰，發現「原來我這麼辛苦都是有理由的，不全然是我的問題」，然後安心地離開諮商所。

憂鬱和焦慮會影響自己對於情緒種類及強度的掌握，因為感受變得遲緩，所以就算內心疲憊不堪，還是會自認為沒什麼大礙，或者體現為身體上的疼痛。因此，憂鬱和焦慮很難僅憑症狀或徵候就做出正確的判斷。假如你感受到自己在某方面異常倦怠，與其煩惱「別人也都很累，我是不是太小題大作？」還不如盡快尋求專家的協助。若需要專家的治療便坦然接受，如若不然，也可以確認自己相對健康的內心狀態，隨之感到安心。

●●○●○○

關係的力量
有助於
突破心結

　　初次造訪諮商所的人，經常會提出這樣的疑問：「接受
諮商的話，心境真的會好轉嗎？只是交談而已又沒有吃
藥，這樣的治療是透過何種原理進行的呢？」

　　心理諮商需要付出不少時間與費用，面對如此艱辛的過
程，來談者自然會對效果產生質疑。這時，比起解釋「從
過去到現在，心理諮商的效果皆透過各種研究與論文獲得
了佐證」，我更傾向於這樣回答：

　　「心理諮商雖然是以語言為媒介進行對話，但持續深

入的話，就會發現是語言中承載的心在互相交流。簡單地說，雖然心理諮商看起來是對話，但實際上是心與心的相接。我們之所以感受到某種心理上的痛苦，是因為內心的道路有某個地方受阻。就像血管堵塞的話，血液循環就會不順，各種問題接連浮現；內心的道路如果堵住，就會出現憂鬱或焦慮等問題。而所謂的心理諮商，就是為堵塞的心路進行疏通，若彼此的心可以互相交流，便能感受到自己的心結被突破」。

心是肉眼看不見的，無法準確掌握內部發生了什麼樣的變化。不過，在與來談者長時間對話之後，我大概可以讀出對方的心是以何種模式運作。

有位妻子只要看到丈夫就會生氣，內心覺得鬱悶無比，她會刻意提出自己的要求，然後又向對方發脾氣。過去她曾試著與朋友們見面，痛快地吐露內心的感受，在背後數落丈夫一頓。但是，這麼做並沒有讓她心中的怒氣獲得緩解，於是她選擇到諮商所求助。這位妻子向諮商師說明了自己對丈夫感到生氣的部分，以及內心究竟有多麼地鬱悶和憤怒。接著，諮商師進行了更具體的提問，一起深入剖

析來談者的心。透過這樣的過程，她漸漸察覺到「原來老公的這一面讓我感到氣憤」、「老公的這種行為，讓我覺得失去了愛與尊重」、「原來我渴望擁有老公的愛與尊重」等——這就是探索內心深處的時刻，也是與自己的心坦誠交流的瞬間。

為了讓來談者順利剖析自我，諮商師會在一旁跟著回溯。有時，諮商師也會和來談者產生同樣的心境，彼此心意相通。在共鳴的情況下，來談者阻塞的心路就會被打通，鬱悶和暴躁的心也會隨之緩解。將存在主義融入心理治療的諮商專家歐文・亞隆（Irvin D. Yalom），主張幫助來談者如實地認識、理解自己的心，相信「此時此刻」的自我。他曾在《愛情劊子手》（Love's Executioner and Other Tales of Psychotherapy）中表明了自己的信念：

「治癒來自於關係，治癒來自於關係，治癒來自於關係」

當我踏上諮商旅程後，就將歐文・亞隆的信念深深地刻在心底，如今在踏進諮商室前，依然會反覆地默念這句話。

人因人而治癒

　　年復一年，我漸漸覺得心理諮商領域有一種力量，比任何特定技巧或理論都還重要。或許是我作為諮商師的經驗尚嫌不足，但我時常認為，有一個內在核心貫穿了精神分析、認知行為療法、以人為本等各種諮商法。假如來談者確實在接受治療後有所改善，一定不只是因為諮商師巧妙地運用了某種技巧。如同前文所述，最困難又最簡單的治療原則，在於「心與心的坦誠交流」。當諮商師真正理解並對來談者的真實心境感到共鳴，擁有了心意相通的經驗，就會發現來談者在不知不覺間獲得了成長。

　　在諮商的過程中，諮商師不會給出任何答案，也不會帶頭指揮，只是在關係中成為映照來訪者的鏡子，幫助對方了解自己。這種方式稱為「反映」，諮商師會把握來談者言語背後的情緒，然後再用諮商語言原封不動地返還。有時，諮商師也會針對來談者自己看不到的部分進行提問，有助於自我探索。透過與諮商師的交流，當來談者看見自己最真實的面貌時，就會逐漸產生改變。也就是唯有心與心坦誠相接，患者才能從中獲得治癒。

在閱讀這本書時，各位讀者既是我的來談者，也是自己的諮商師。**希望大家能把書中的內容當作鏡子，映照出自己最真實的模樣。如果能按部就班地實踐，相信一定很快就能看到變化。此外，也期待你能真正去了解自己未曾察覺的內心，體驗心與心的坦誠交流。因為治癒，始終來自於關係。**

心靈肌肉，
改變
自我的能力

　　雖然令人遺憾，但我們沒有力量去改變在這世上經歷的大小事，對於人則更是如此。不過，我們總是不斷試圖去改變身邊的某個人，想盡力用愛、教導或建議去改變對方，絲毫不感到厭煩。父母努力改變孩子的習慣，子女努力改變父母的性格；丈夫想改變妻子的行為，妻子則想改變丈夫的語氣。在朋友關係上亦是這樣，我們經常試圖去改變一個人，但不幸的是，這件事打從一開始就不可能成功。

我的改變，
讓一切跟著不同

人們經常會對心愛的人承諾：「我會讓你幸福」其實，這種說法是錯誤的。「我」並不能為他人帶來幸福，假如對方感受到了幸福，原因絕對不是出在我身上，而是「他」自己懂得享受幸福。就算我給予了對方指導，讓他有所改變，但這種改變也不是因為我造成的，而是對方自己意識到了什麼，決心做出改變。同理可證，改變他人想法或情感的主體絕對不可能是我，心理諮商的基本原理亦是如此。

此外，我們也經常在無意間產生錯覺，誤以為自己可以改變過去。人們在經歷某個事件後，通常會不停地反覆回想：「如果當時這樣做就好了…」、「我不應該說那句話的…」然而，不管再怎麼煩惱或回顧，我們都無力改變過去發生的事。每當想起這樣的現實，就忍不住垂頭喪氣。

不過，我依然寄望我們有能力改變在世上經歷的大小事，而這種力量，正來自於改變自我——改變自己的標準

或想法，放下驕傲的態度，如此一來，就能為身邊的人和事提供另一種解釋的角度。**我們能改變的對象只有自己，但改變自我，就是一切變化的起點**。假如我做出了改變，周圍人對我的態度也會有所變化；倘若我用不同的視角去看待過去的經歷，就足以獲得改變現況與未來的力量。我的變化，會連帶激起一切的改變。

為此，我們需要培養的就是心靈肌肉。**心靈肌肉支撐著我們的變化，也讓我們得以擁有在關係中生存的能力**。現在，我們將檢視一下自己是否處於憂鬱和焦慮狀態，假如我們正在經歷這兩種情緒，希望能透過心靈肌肉的培養來加以緩解。願各位讀者都能以堅韌的心改變自我，打造出屬於自己的世界。

Chapter3

過去如何
撼動現在？

憂鬱的
各種面貌

憂鬱，
沉溺於
無法改變的過去

憂鬱的人視線經常停留在過去，尤其會把焦點集中在負面事件上，不斷地回顧過往的時間。他們會持續回想很久以前經歷的負面情境，為此再度受到創傷，也會比較過去和現在的自己，然後陷入憂鬱的漩渦裡。例如「父母沒有給予我情緒上的支持」、「我從小頭腦就不聰明」，反覆感嘆自己未曾擁有的事物；「我當時不該那樣，應該要做出其他選擇的」，不斷後悔過去的行為；「當時的我可以做到那種程度，現在的我為什麼只有這樣」，一味拿過去與現在的自己比較。這類型的人，雖然身體活在當下，但內

心卻停留在過去。由於他們仍然受到往事的影響，所以不僅很難專注於現在，經歷憂鬱的可能性也非常高。

憂鬱經常來自於
想好好生活

我們通常會回顧過去，反省自己的不足之處，然後變得更加成熟。然而，如果過度追溯往事，反倒會沉溺於過去，導致眼下的時間被蠶食鯨吞。在這種情況下，我們很容易認為現在的不滿足感，是過去某些負面事件造成的結果，也就是過去的事件阻礙了我現在的腳步。最終，如果憂鬱的情況持續惡化，就會被過去埋沒而無法自拔。從另一個角度來看，**憂鬱其實是想好好過生活的挫折感，也就是過去若過得很好，現在的生活就會更加順遂，因此總是不停地回首往事。換言之，因為想好好生活，以致於陷入憂鬱的狀態。**

美國心理學家菲利普・津巴多（Philip Zimbardo）主張的時間觀（Time perspective），就足以用來證明這一

點。所謂的「時間觀」，指的是個人對時間的態度與價值觀，是在個人過去的經歷與社會規範相互作用下所形成。津巴多提出的時間觀概念區分為積極的過去時間觀、消極的過去時間觀、享樂主義的現在時間觀、宿命主義的現在時間觀，以及未來導向的時間觀、超未來時間觀。津巴多的理論指出，比起偏向任何一個時間觀，擁有根據情況靈活轉換的均衡時間觀更為重要。

若抱持積極的過去時間觀，會傾向珍惜過去經歷的事物，停留在美好的時期與記憶中；若擁有消極的過去時間觀，會執著於過去做錯的決定，被困在往事之中，以致於無法享受當下，總是感到懊悔與遺憾。根據研究顯示，抱持積極的過去時間觀者，感到憂鬱的可能性較低，而擁有消極的過去時間觀者，陷入憂鬱的可能性相對較高。也就是說，我們的視線愈是消極地滯留在過去，就愈容易變得憂鬱。

心可以反芻，
也可以戒斷

　　人生總是充滿了不確定，而我們也老是想精準地預測未來。在這裡有一個概念叫做「無法忍受不確定性」（Intolerance of uncertainty），意指將不確定性可能隱含的負面結果視為威脅，無法予以忍受。

　　如果對於不確定性的耐受力不足，在為了避免不確定性的情況下，就會傾向從過去的負面事件進行消極地預測，也就是相信「過去怎樣，未來就一定會怎樣」。但是，「過去不順遂，所以未來也肯定無法順利」，這樣的預測會讓人產生不管做什麼都沒有用的無力感。簡單來說，**視線滯留在過往，會導致我們對未來產生消極的預測，最終喚來憂鬱。**

　　如同前文所述，憂鬱的核心在於「反芻」，也就是不斷回顧與負面事件相關的情感，或者讓自己陷入負面想法與情緒的思考方式。在不確定的情況下，採用反芻法進行應對的人，很可能就此陷入憂鬱。因為他們會回想過去的經

驗，然後以負面事件作為根據，進一步預測根本尚未發生的未來。人們之所以會在不確定的情況下使用反芻，原因在於這種方法可以讓人暫時擺脫負面情緒。但是，如果反芻過度，就會更加消極地去看待那些想避免的狀況，最終陷入無力與憂鬱之中。

引發憂鬱的原因既複雜又多樣，就像憂鬱症是大腦的一種疾患，憂鬱也可能包含生物學和遺傳性因素，且壓力和環境的影響也不容忽視。此外，雖然憂鬱主要出現在執著於過去的人身上，但活在當下或未來的人，其實也經常會為憂鬱所苦。只不過，如果是因視線停留在過去而感到憂鬱，那麼我們可以試著把焦點轉移到現在。

憂鬱和個人的意志無關

如今，憂鬱症已成為我們生活中十分常見的疾病，面對因罹患憂鬱症而絕望的人，我總會形容這只是單純的感冒。我們只要吹到冷風、過於疲倦或者免疫力下降，身體就會出現感冒症狀，憂鬱症也一樣。假如碰到如凜冽寒風

般的巨大壓力，我們就有可能得到憂鬱症；在內心感到倦怠，或者身心免疫力都降低時，也有可能出現憂鬱症狀。感冒的種類非常多元，有些即使不接受治療，也會自然而然地痊癒，但也有些感冒無論怎麼吃藥都不見好轉。憂鬱症也是同樣的道理，有些人的症狀會自行痊癒，或者可以透過努力來克服；反之，有些人的症狀不易減緩，還有可能慢性化或者留下後遺症。

　　然而，我們總是對憂鬱症抱有極大的偏見，特別是認為憂鬱症與個人的意志力相關。讓我們再重新回想一下感冒症狀吧！感冒是因為意志力薄弱嗎？是因為我們不夠努力，所以才一直沒有好轉嗎？人們對感冒尚且寬容，但是面對罹患憂鬱症的人，卻用過於嚴苛的視線看待。我想再強調一次，**憂鬱症其實就像是心靈的感冒。也就是說，憂鬱症的發生不僅與意志力無關，而且還相當普遍。我希望大家能仔細觀察內心的憂鬱，不要把憂鬱症的起因全歸咎於意志力。**假如有需要，就按時地服藥並接受專家協助，好好地予以克服。

我建議患有嚴重、長期的憂鬱症且壓力反應已經超過的人使用藥物進行治療，因為能像感冒一樣吃點藥就能痊癒的病，不應該苦撐著白白受苦。也希望大家都能不要留有後遺症，能夠順利地度過憂鬱期。如同在便利商店就能買到感冒藥[註]一樣，我衷心期盼未來的環境，是無論任何人罹患心靈上的感冒，都能夠輕鬆地取得治療藥物；碰到周邊有人得到憂鬱症時，也可以毫不忌諱地說出：「趕快去看醫生，吃完藥後好好休息！」

　　接下來，我們將進一步分析憂鬱感和憂鬱症的差異，以及憂鬱的各種樣態與症狀。希望各位能利用各個事例，檢視一下自己現在是否有憂鬱的症狀。感受到憂鬱不是錯，視線滯留在過去也沒有罪。但是，如果心對於往事過度執著，導致自己無法忠於當下，那麼不妨抬起頭來，試著轉移自己的視角。或許，眼下有許多快樂的事正在等著你呢！

【註】在韓國 24 小時營業的便利商店能買到簡易的感冒藥。

憂鬱感和憂鬱症
有什麼不同？

　　憂鬱是每個人在悲傷或經歷負面事件時可能體驗到的情感，面試落榜、和朋友或戀人吵架、犯下失誤、下雨時，或者沒有特別的理由，也可能突然感受到憂鬱。憂鬱感一般隨著時間流逝、休息或問題解決後，就會漸漸地好轉。相反地，憂鬱症是憂鬱的情況加重，呈現出多種症狀的疾病，很難僅憑個人的意志力去解決。隨著時間過去，患者會漸漸陷入憂鬱的泥沼，無論再怎麼努力也難以擺脫。**因為憂鬱症不是單純的情緒問題，而是一種大腦的疾病**。那麼，我們該如何區分憂鬱感和憂鬱症呢？

憂鬱的光譜與
診斷基準

接下來所談及的各種憂鬱症狀，在感受到憂鬱情緒和罹患憂鬱症時都會出現，而差異則在於症狀的強度和頻率。也就是說，憂鬱感和憂鬱症的區別，取決於在光譜的哪一個位置：某個程度內屬於憂鬱情緒，超過某個分界點時，則被分類為憂鬱症，如下圖所示：

憂鬱情緒　　　　　　　　　　　憂鬱症

憂鬱症的種類很多，根據美國精神醫學會（American Psychiatric Association，APA）《精神疾病診斷與統計手冊》所記載的精神疾病分類及診斷標準，與憂鬱情緒相關的精神科診斷包括：重鬱症、持續性憂鬱症（或稱輕鬱情感障礙症）、經前期情緒障礙症、侵擾性情緒失調症[註]，接下來就以其中最具代表性的重鬱症為例進行說明。重鬱症的診斷基準如下：

【註】原書韓文寫的是侵擾性情緒失調症（Disruptive mood dysregulation disorder），但台灣衛福部列舉的是適應障礙症（Adjustment Disorders）。

A. 在以下症狀中，有五種（或更多）症狀持續達兩週，同時在功能上與先前相比出現明顯變化。症狀中至少需包含1.憂鬱情緒或2.喪失興趣或愉悅感的其中一項。

1. 幾乎整天且每天憂鬱，可由主觀報告或他人的觀察得知。
2. 幾乎每天大多數時間，對於全部（或幾乎全部）的活動都喪失興趣，無法從中感到愉悅。
3. 明顯地體重減少或增加（如在一個月內體重變化超過5%），或幾乎每天都有食欲減低或增加的現象。
4. 幾乎每天都有失眠或嗜睡的現象。
5. 幾乎每天都呈現精神運動性激動或遲滯。
6. 幾乎每天都感到疲倦或無力。
7. 幾乎每天覺得自己沒有價值，或有過度或不合理的罪惡感。
8. 幾乎每天都感到思考或專注力降低，或變得優柔寡斷。
9. 反覆出現輕生的念頭，或反覆出現沒有具體計劃

的自殺意念，或已出現自殺企圖或已有特定的自殺計劃。

B. 這些症狀導致個案們臨床上明顯的痛苦，或社交、職業、其他重要領域的功能減損。

C. 症狀的發作不是由於某種物質或其他身體病況的生理影響。

D. 這些持續的憂鬱症狀，無法用妄想症、思覺失調症（包括相關類群診斷）或其他精神病症來做解釋。

E. 從未有過躁症或輕躁症發作。

後面我們將逐一探討基準 A 裡的症狀。假如在前述的九種症狀中，你出現了五種或以上，就有可能不是單純的憂鬱情緒，而是罹患了憂鬱症。不過，在區分憂鬱感和憂鬱症時，有兩項比症狀更重要的標準。首先是持續時間，憂鬱感通常會在短時間內恢復，而憂鬱症的症狀則會持續兩週以上，甚至幾乎每天大部分的時間都處於憂鬱狀態。其次為「主觀的痛苦程度，以及是否造成日常功能受損」，也就是前文中的基準 B。

假如患者因為憂鬱症狀而感受到強烈的痛苦，那麼與其

判定為憂鬱情緒，會傾向分類至憂鬱症。此外，即使本人不覺得難受，但日常生活所需的功能（能力）受到影響時，也會被診斷為憂鬱症。例如成績大幅退步、工作效率下降、待人接物的模式改變時，就會被判斷為憂鬱影響到日常功能。

不過，憂鬱是非常主觀的領域，一般很難分辨自己的嚴重程度。如果想更準確地掌握症狀，找臨床心理師或精神科醫師等專家，可以獲得很大的幫助。但是，在此之前，我們不妨先確認一下自己經歷的情緒是否為憂鬱的症狀。現在，就讓我們仔細探討看看憂鬱的各種樣態。

以各種形態出現的憂鬱

憂鬱不是一種單純的情感，而是一種複合情緒，由悲傷、罪惡感、孤獨、憤怒、無價值感、絕望、過度敏感等多種情感結合而成。因此，憂鬱的症狀也相當多元，種類十分地複雜。

憂鬱時，我們會比平常更容易哽咽和流淚，除了心情抑鬱，也會感到悲傷和絕望。此外，在憂鬱的狀態下，日常生活中的興趣和快樂會大幅減少，平時喜歡的電視劇或電影也會變得乏味。漸漸地，我們會覺得自己什麼都不想做，躺在床上的時間愈來愈長，渾身感到無力，對所有事都失去幹勁。憂鬱時，食欲和體重亦會出現變化，有的人會因胃口差而身形消瘦，有的人則會因暴飲暴食而體重急增。當然，憂鬱也會讓人經歷睡眠的變化，一般分為失眠和嗜睡兩種。例如很難入睡或是半夜經常醒來，又或者明明睡得比平常更久，但不管怎麼睡都還是覺得疲倦。陷入憂鬱時，我們也會露出焦躁不安的模樣，而思考和說話的速度則會有遲緩的現象。

憂鬱讓人幾乎每天都顯得疲勞且喪失活力，認為自己毫無價值，產生過度與不合理的罪惡感，思考與專注力下降，變得優柔寡斷，不易做出決定。憂鬱時，自殘與自我破壞的行為會增加，讓人反覆地思考死亡，持續反芻過往的負面事件。此外，憂鬱會導致視野變得狹隘，只看到事物消極的一面，對瑣碎的事感到煩躁和憤怒，有時也可能

造成身體的某個部位疼痛。

　　就像這樣，憂鬱的症狀有很多種，但並非所有症狀都
會同時出現。亦即，每個人經歷的憂鬱症狀不盡相同。
例如有人會經常流淚、體重減輕，出現不安、焦躁的症
狀；有人則是什麼都不想做、無精打采，整天只想睡覺。
憂鬱的光譜很廣，存在著完全不同型態的憂鬱，從現在
起，我們將透過具體事例進一步探討憂鬱的各種面貌。
請記住，不一定要符合所有條件才算是憂鬱，即使只具
備其中一、兩項症狀，都可能是憂鬱的徵兆。

湧上心頭的
憂鬱與無力感

抑鬱的心情
與眼淚

* 30 多歲的智恩在公司獲得了肯定，與同事們也相處
  融洽，她有信心能把工作做得盡善盡美。然而，在公
  司待了大約三年，她覺得如果只是繼續待在同一個地
  方累積經驗，對職涯不會有太大的幫助。於是，智恩
  做好了跳槽的準備，成功地轉換到新職場，期待能夠
  在新的領域大展身手。智恩充滿了自信，覺得不管遇
  到什麼狀況都一定都能克服。然而，智恩在新的職場
  上，遇到了和自己個性不合的主管，她開始得在公司
  裡察言觀色。雖然沒有受到嚴重的批評或產生衝突，

但她漸漸對工作失去自信，而且擔心聽到負面評價，所以面對任何事都變得小心翼翼。此外，有愈來愈多的情境會讓智恩哽咽，在會議上聽到同事一點細小的反饋，眼淚就會忍不住奪眶而出；在日常生活裡，也經常會產生與過去不同的鬱悶心情。那些早就習以為常的父母的嘮叨，如今也像匕首一樣飛來，狠狠地刺進智恩的心底，讓她淚如雨下。

在憂鬱的各種型態裡，第一項就是「憂鬱的情緒」和「想流淚的感覺」，亦即主觀感受變得鬱鬱寡歡，是憂鬱最直接的面貌。許多人對憂鬱不甚了解，經常以為要非常地絕望或悲傷，什麼事都做不了，整天躺在床上才算是憂鬱。然而，實際上，憂鬱是以鬱悶和想流淚的情緒為起點，當憂鬱感來襲時，我們會因瑣碎的小事感到心情低落，或者因一些無傷大雅的言語受到創傷等，主觀的心情狀態會產生變化。

如果平時就是心軟、眼淚多的人，最好確認一下自己是否比以前更常流淚。憂鬱時之所以會突然淚流滿面，原因就在於我們的心對一點細微的刺激反應過度。此外，為了

守護自己免於更嚴重的憂鬱，我們會用眼淚宣洩出疲憊和鬱悶的心情。假如發現自己比以往更長時間地感到鬱悶，流淚的情況也大幅增加，那麼無疑就是憂鬱的症狀。

倘若智恩只在公司裡感到畏縮和鬱悶，在和朋友聊天或聽到父母嘮叨時，可以像平時一樣應對，那麼憂鬱的心情就是對壓力的自然反應。又或者，即使產生憂鬱或想流淚的情緒，但一碰到開心的事，心情就會馬上好轉，那麼這種憂鬱，便是符合情境的適當感受。不過，如果大家也像智恩一樣，鬱結的心情難以消散，且一整天大部分的時間都持續不變，那麼就應該停下來檢視看看自己是否正走上憂鬱的道路。或許你正經歷著憂鬱狂潮，但自己卻絲毫沒有察覺。

喪失興趣
與無力感

• 恩珠是一位 20 多歲的女性，雖然她自認為沒什麼問

題，但在家人的勸說下，她還是來到了諮商室。恩珠表示自己最近完全沒有壓力，心情也很好，只是身體很疲憊，整天都只想躺在床上。看綜藝節目時，她已經感受不到樂趣；對於那些以前喜歡的電影和書籍，現在也變得興致缺缺。和過去不同，她開始不想和朋友見面，也不願意和任何人對話，覺得自己一個人生活更為自在。恩珠冷靜地描述自己的情況，從她的表情裡，感受不到任何情緒與活力。

憂鬱的關鍵症狀之一就是「什麼都不想做」。我們通常認為憂鬱時會流淚，主要的情緒為絕望。但諷刺的是，情感減少也是憂鬱的核心症狀，稱為「喪失興趣」或「無力感」。

在憂鬱來臨的初期，首先會出現興趣減少的輕微症狀，原本享受的興趣或活動皆開始變得無趣。以前藉由看電影或和朋友見面來舒緩壓力的人，一旦變得憂鬱，就會覺得電影不再有趣，也不想再和他人碰面。漸漸地，活動半徑開始縮小，最終除了躺著或睡覺之外，什麼也不想做。喪失興趣會演變成無力感，當情況逐漸惡化時，就會躲在拉

上窗簾的房間裡拒絕外出，甚至連把垃圾撿起來丟進垃圾桶裡，或是從家裡跨出去都變得困難重重。

我把這種狀態形容為「生活欲望下降」，換句話說就是「生存欲低」。如果說食欲是對飲食的渴望，那麼生存欲就是活下去的欲望。就像缺乏食欲時什麼都不想吃一樣，若生存欲低落，就會覺得世界變成了灰色，情緒也會枯竭到連眼淚都流不出來。此外，即使其他的憂鬱症狀有所好轉，這種生存欲低的現象也經常會持續到最後，需要很長的時間才能復原。如果症狀長期化，回歸日常生活就會遇到極大的困難。

問題是，喪失興趣和無力感會悄無聲息地滲透，在不知不覺中如影隨行，因此，有很多人都未曾察覺自己的異狀。假如在日常生活中有某項事物突然變得無趣，或者忽然對過去熱衷的事興致缺缺，那麼就應該暫時停下腳步，確認一下是否正感到憂鬱。另外，如果自己突然和平時不一樣，開始抗拒和友人見面或出門，希望你能檢視看看自己是否已被壓力淹沒，以致於充滿了無力感。

厭食或暴食，
失眠或嗜睡

厭食和體重減少，
暴食和體重增加

- 30多歲的勝宇在婚後和妻子沒有太多的衝突矛盾，但最近卻經常和妻子吵架，因為隨著房價暴漲，擔心買不起房子的焦慮感逐漸襲來。兩人在結婚後，妻子曾不斷提議置產，但勝宇因為不想負債，所以主張使用全租[註]。兩人雖然努力工作存錢，但房價的暴漲，讓他們頓時失去了買房的選項。為了籌措大筆的資金，後來他們把存款拿去投資股票，但購買房子的夢

【註】韓國的租屋有月租及全租兩種方式，月租為支付房東一筆金額較小的保證金（押金），之後再按月繳交房租；全租則為一次性支付一筆高額的保證金，但於合約期間內不需再繳交任何租金。

想似乎已成了泡影。為此，勝宇的食欲愈來愈差，不僅食量減少，有一餐沒一餐的情況也愈來愈嚴重，一個月內體重少了五公斤。

憂鬱通常會伴隨著食欲降低，別說是美食，基本上連飯都不想吃。因為沒有胃口，所以經常不按時用餐。當憂鬱感嚴重時，甚至會感受不到食欲，這種情況，可以透過最近體重是否急遽降低來辨別。體重是可以客觀觀察的徵候，因此也成為確認憂鬱狀態的必要元素。勝宇雖然承受著高房價的壓力，但他表示自己並不憂鬱，不過，從體重減輕的情況來看，他很有可能正處於憂鬱的漩渦中。

食欲下降、體重減輕等症狀被稱為「植物性症狀」（Vegetative symptom），意指維持生命所需的身體機能紊亂。換句話說，就是維持生命和繁殖所需的功能出了問題，主要是食欲、睡眠、性功能或性欲等方面發生異常。如前文所述，憂鬱是生存欲望低落的問題，也就是身體想要活下去的欲望不足，而食欲減少，就是生存欲低表現在生理方面的症狀。亦即，我們唯有提供身體所需的能量才能生存，但提供能量的欲望卻不斷地下降。

相反的，憂鬱也可能導致暴飲暴食或體重急遽增加，這種情形稱為「反植物性症狀」（Reversed vegetative symptom），也就是食量比平常還要大、過度飲食或體重暴增的症狀。這類型的人在承受壓力時，有尋求重甜、重辣、重鹹等刺激性食物的傾向。他們會一次吃下過量的食物，但不管吃多少，腸胃依然感到空虛，所以會不斷尋找食物。出現暴飲暴食的情況時，如果感受到自己無法調節，就是一種憂鬱症狀的表現。

無論是食欲下降或增加，這些都是脫離正常生存欲的現象，體內的機制已然崩潰。因此，如果各位的食欲或體重產生急遽的變化，就有必要確認一下自己是否處於憂鬱狀態。假如憂鬱不只造成心靈痛苦，還毀掉了身體健康，那有多麼令人惋惜啊！

失眠或意志

• 40 歲出頭的秀珍，已經許久沒有好好睡上一覺了。從很久以前就開始的失眠症，一直延續到了現在，如

今只要碰上煩心事，她就會持續失眠。如果強迫自己躺下，各種想法會在腦海中接連湧現，讓她覺得頭痛。在睡不著的情況下，有時她會睜開眼確認一下時間，才驚覺已過去一、兩個小時。在翻來覆去、輾轉難眠之際，她會想著：「如果明天不想頂著黑眼圈，就得趕快入睡才行，但為什麼一直睡不著呢……」就算好不容易入眠，她也經常會在凌晨醒來，隔天起床時便感到異常地疲憊。

- 奇勳自從退伍後，睡眠的時間就變得相當長，因為早上沒有需要他起床做的事，而且因為新冠疫情爆發，無法和朋友們相約見面，在家的時間變得愈來愈長。可是，不管奇勳怎麼睡，疲勞感總是未能緩解，導致他一睡再睡。他每天下午兩點起床，吃完飯後看一下 Netflix 的影集，之後又再度睡著。從一整天的睡眠時間來看，他至少有十五個小時都在睡覺。

秀珍和奇勳都有睡眠障礙，一個是睡眠品質差，另一個則是睡眠時間過長。我們一般稱前者為失眠，後者為嗜睡，而這兩種情況都和憂鬱息息相關，因為 80% 以上的

憂鬱症患者都會有睡眠障礙。

其中最常見的就是失眠症，失眠一般有三種情況：難以入睡的睡眠啟動問題、入睡後頻繁醒來的睡眠維持問題、清晨醒來後就難以再次入睡的睡眠結束問題。當這些症狀一週發生三次，持續三個月以上時，就會被診斷為失眠症。憂鬱時之所以睡不著，是因為心理和生理都還保持著清醒狀態。而當中還有一個更嚴重的問題：如果因憂鬱而無法獲得良好的睡眠，就會陷入狀態低迷、心情更差的惡性循環。

相反的，嗜睡指的是即使獲得充分的睡眠，白天仍會因過度的睏倦和疲勞而難以正常生活，經常造成睡眠週期崩潰、日夜顛倒等情形。如果出現嗜睡的症狀，不僅躺在床上的時間會增多，人也會跟著變得無力且憂鬱。換言之，與失眠症一樣，憂鬱會導致睡眠問題不斷，而睡眠問題又會使憂鬱症加重，成為一種惡性循環。

憂鬱時出現嗜睡症狀的人，通常在心理方面遇到困難時會傾向迴避，或許他們就是藉由睡眠來逃離現實也不一

定。附帶一提，有些人平時在公司感到倦怠，週末會把時間集中用來睡覺，這種情況不算是憂鬱的表現，而是心理上的補償。不過，如果一週內大多數時間都昏昏欲睡，就有可能是憂鬱的徵兆。

冬眠是動物們為了戰勝糧食不足的寒冬所採取的生存策略：青蛙會將體液製成防凍液，讓心臟停止跳動，只睡覺而不進食；熊則會降低體溫和心搏數，用睡眠來忍過飢餓。換句話說，動物會提前儲備能量，配合環境改變自己的身體狀態，藉此來戰勝寒冷。身為人類的我們，在迎來心靈寒冬時，似乎也會出現冬眠的現象。或許就像動物們在嚴寒的冬季會選擇冬眠一樣，人們在經歷難以承受的憂鬱時，才會選擇長時間入睡吧？

睡眠問題愈是長期持續，就愈容易成為習慣，難以恢復到原本的狀態。假如發現自己與平時不同，無法入眠的日子增多或者格外地疲憊、睏意不斷襲來，就要盡快檢視自己是否處於憂鬱狀態。睡眠障礙也屬於前述的「植物性症狀」，亦即維持生活所需的身體機能被打亂，體系崩毀。無論睡眠是減少或增多，只要偏離了正常範圍，就是病理狀態。當身體出現反應時，我們就應該更留意觀察內心。

焦躁、
易怒或
行動缺乏效率

精神運動性激動
或遲滯

- 某天，恩彬和交往很久的男友爆發口角，一氣之下她提出了分手。不過，恩彬馬上就對自己衝動的發言感到後悔，轉頭想挽回男友。雖然兩人透過對話重修舊好，解開了誤會，但恩彬卻覺得對方的態度和以前不太一樣。男友表示，恩彬的分手提議讓自己感到非常失望。此後，恩彬開始對男友察言觀色，覺得他對自己的愛變得異常冷淡。

恩彬心想：「繼續這樣下去，萬一真的分手了怎麼辦？」逐漸陷入焦慮。因為察覺到男友好像討厭自己，所以她的言行舉止變得小心翼翼；聯繫時，如果對方沒有即時回覆，她就會開始焦躁不安。此外，不只是與男友的關係，恩彬在其他人際關係上也漸漸變得敏感，總是反覆向他人確認：「我這麼說會不會太傷感情？」諮商期間，恩彬的眼神一直飄移不定，身體也呈現坐立不安的模樣。

- 30多歲的正宇走進諮商室的腳步看起來有些不自然，從打招呼到就坐，正宇的行動明顯比一般人還要遲緩。在談論煩惱時也一樣，因為語句和語句之間留白過多，讓人很難一次就聽懂他想要表達什麼。交談的過程裡，他有時會突然停頓，不曉得自己在說什麼，感覺十分混亂。

讓我們先來看看恩彬的情況。「精神運動性激動」（Psychomotor agitation），指的是嚴重的焦慮表現為身體上的緊張，也就是所謂不知所措的狀態。而「焦慮」是一種主觀感受到的恐懼狀態，與是否存在實際的外部威脅無關。當這種不安的情緒影響到運動系統，伴隨出現身體

方面的症狀時，亦即從外部可以觀察到焦慮和坐立不安的行為時，就可以稱之為「精神運動性激動」。

精神運動性激動是一種相對充滿能量的憂鬱症狀，常見於產後憂鬱、更年期憂鬱或火病^註等。在恩彬的案例中，她對於可能和男友分手一事格外地焦慮，導致情緒變得焦躁不安，且伴隨著身體方面的緊張，可以說是精神運動性激動的症狀。

接下來，讓我們看看正宇的情況。「精神運動性遲滯」（Psychomotor retardation），指的是思維、行動、說話或表達情緒等身心活動速度減慢的狀態，也就是思考和說話的速度減緩，或身體動作的速度有變慢的現象。患有嚴重憂鬱症的人，通常會有精神運動性遲滯的症狀，有時他們也會指出自己的說話速度變慢，思緒模糊混亂。

恩彬和正宇表面上的症狀完全不同，但我們可以辨別出兩人都處於憂鬱狀態。各位也有出現和恩彬或正宇一樣的

【註】火病（화병），即鬱火病，是一種朝鮮民族特有的文化結合症候群，為一種精神疾病，顧名思義是「鬱」和「火」積累於心中所導致。

症狀嗎？或者是否聽過周圍的人指出自己有類似的表現？如果有的話，那麼你很可能已經不知不覺地陷入了憂鬱，試著給自己一點時間，靜靜地觀察內心吧。

反覆無常與
混合型特徵

• 你最近為什麼那麼喜歡找人吵架？」大學四年級的智賢聽到媽媽的話後大吃一驚。仔細回想，最近讓自己感到煩躁或生氣的事多不勝數。上週智賢才和兩位朋友大吵一架，至今都還是斷絕來往的狀態，而今天又和媽媽發生了爭執。回顧近期的生活，無論是在打工的咖啡廳或學校，都有太多讓人厭惡和火大的事情。碰到工讀生無禮的行為，平時或許可以一笑置之，但最近卻忍不住和對方計較；得知學校制定了不合理的考試規定，她更是完全被點燃。媽媽說智賢最近總是喜歡找人吵架，心情也經常起伏不定，有時看起來很憂鬱，但過沒多久又馬上平復。一想到即將到來的畢業考，智賢頓時就會感到不安和焦躁，但她有信心自

己一定可以考好。

人們通常認為憂鬱會使人絕望、畏縮和流淚，但混合型特徵（Mixed specifier）和我們普遍認知的憂鬱有些不同。一般而言，罹患憂鬱症的人看起來總是缺乏活力，但具有混合型特徵的人，卻反而顯得精力充沛。他們隨時都處於沸騰狀態，感覺只要輕輕一碰就會炸開，如同前文提到的智賢一樣。

混合型特徵包括對刺激過度敏感、情緒波動、焦躁、坐立不安、自殺念頭等。對刺激過度敏感，指的是面對輕微的刺激也異常地反應過度，出現此症狀時會容易煩躁、激動或變得神經質。患者會經常動怒，覺得「自己快要爆炸」，和周圍的人頻繁發生爭執，偶爾還會表現出攻擊性。此外，因為心情總是起伏不定，所以他們也會感到加倍地疲倦。如同智賢的案例，患者會一下子憂鬱、一下子平復，一下子焦躁不安、一下子又自信滿滿，所以完全不會察覺到自己處於憂鬱狀態，只會聽到他人形容自己反覆無常。而前文提到的焦躁、坐立不安等症狀亦會同時出現，患者會覺得無法自行調節，周圍的人則

會認為「你就好像滾燙的水壺一般」。除此之外，他們偶爾也會衝動地興起自殘或自殺的念頭。

　　具有混合型特徵的憂鬱症患者，也更容易罹患雙極性情感疾患（躁鬱症）。雙極性情感疾患屬於一種情緒障礙，特徵是出現情緒浮躁、輕躁症和情緒低落的憂鬱症。換句話說，雙極性情感疾患型的憂鬱，也會與一般的情況略有不同。在進行藥物治療時，對於具有混合型特徵的憂鬱症患者，會在抗憂鬱的處方裡再添加抗精神疾病的藥物。然而，不管是哪一種類型的憂鬱，處於憂鬱狀態中的人都很難自行做出判斷。因此，如果自己與平時不同，開始頻繁地出現敏感、煩躁、心情起伏不定等症狀，請記住這些都有可能是憂鬱的現象。

無盡的倦怠、
消化不良或
身體產生病痛

失去活力及
或疲勞感

- 潤貞一直無法擺脫疲勞感，三年前懷孕時所產生的慢
  性疲勞，至今仍然揮之不去。剛開始她以為只是懷孕
  過程暫時產生的症狀，但等到孩子出生後，潤貞也持
  續處於疲憊狀態。不管睡多久，她每天早晨醒來依舊
  精神萎靡，與懷孕前不同，總是覺得渾身乏力，肌肉
  痠痛更是沒有一刻緩解。雖然潤貞長期過著無精打采
  的生活，但她只覺得這些症狀來自於慢性疲勞，選擇
  用保健食品來苦撐。

經過了各種努力，潤貞還是逐漸失去活力，直到連養育孩子都很困難時，才和丈夫一起來到了諮商室。潤貞疲勞的原因不在於身體，而是心。我們在感冒、狀態不佳或睡不好時，就會感受到疲勞，這是生活在現代社會的我們非常熟悉的現象。或許正因如此，我們很少因為疲勞而感到擔心，或者去醫院求診。

　　不過，慢性疲勞也很可能不僅是單純的勞累，而是憂鬱症的一種型態，只是我們忽略了其徵兆。疲勞及失去活力是陷入憂鬱時常見的症狀，無論睡多久還是覺得累，無時無刻都感到倦怠。**疲勞感會使身體動不起來，但愈是不動，身體的疲勞感就愈會加倍膨脹，形成一種惡性循環。因此，愈是感到疲憊，就愈要打起精神來活動身體。**

　　觀察患有憂鬱症的人每天的活動量，經常會感到訝異，因為很多時候他們一天走不到一千步。根據美國疾病控制暨預防中心、國立老化研究所、國立癌症研究所發表在醫學雜誌《美國醫學協會誌》（JAMA）上的一項研究顯示，每天步行八千步的話，可在十年內降低一半的死亡率。人們常言道，若想管理好健康，每天就要走一萬步。就算達

不到這個目標，每天也至少要走五千步以上，身體才能維持平時的功能。打開手機的健康管理 App 或計步器，確認看看自己每天走多少步吧！如果不到五千步，現在是時候站起來多活動活動身體了。

憂鬱時，能量無法好好地獲得充電。平時我們會因一點小事就心情好轉，迅速找回活力，但憂鬱來襲時卻完全不同，就算享用健康的美食、擁有充足的睡眠、欣賞趣味十足的電影，能量也難以恢復。此外，在憂鬱的狀態下，我們的身體和心靈對能量的需求非常高，好不容易充飽的電，也會一下子就消耗殆盡，於是我們會經常感到疲勞。或許我們在應對憂鬱這樣的情緒時，會不知不覺地消耗許多能量，以致於沒有多餘的精力去面對日常生活。

你是否躺在床上無所事事，疲勞感卻無止境地延續？你是否整天抓著手機，滑著毫無意義的 SNS 呢？遇到這種情形，與其一味地責怪疲憊的身軀，不如溫柔地觀察一下自己的心，因為疲勞感很有可能來自於憂鬱。

頭痛、眩暈、消化不良、
手腳發麻等身體化症狀

• 娜英最近因為健康問題，向公司申請了留職停薪。過去這段期間，娜英馬不停蹄地工作，身體雖然很疲勞，但她仍勉強撐了下來。如今，身體已經再也吃不消，全身上下沒有一處不痛。她總是覺得頭痛、眩暈，有時也會感到噁心反胃、消化不良，或者是手腳發麻。娜英來回多家醫院接受了檢查，但是卻沒有發現異常，醫生們只說可能是因為壓力過大，讓她感到相當鬱悶。

不久前，娜英覺得身體氣血不順，還出現了心悸的症狀。她確信自己的健康有問題，所以前往大學醫院再次接受了檢查，但結果仍然和之前一模一樣。於是，醫生建議她到精神科就診，但娜英完全不覺得自己有憂鬱的症狀。

「身體化（Somatization）」指的是心理和精神方面的問題，表現為身體上的症狀，也就是身體的健康狀態沒有異常，但是卻出現明顯的症狀。這些症狀不是捏造或偽裝

出來的，就像娜英的案例一樣，患者真的會感受到身體上的疼痛。我們的身體和心靈是連在一起的，內心如果感到不適，就會化為身體上的疾病；身體如果不舒服，內心也會同時感到難受。如同感冒全身痠痛時，心情就會跟著低落一樣，內心覺得痛苦時，身體狀態同樣不可能良好。因此，**所謂的「身體化」，就是指心靈的痛楚藉由身體顯露出來。**

身體化特別有可能出現在不懂得照顧心靈的人身上，「原來我的心很憂鬱、原來我的心既生氣又悲傷」，能夠意識到自己內心狀態的人，通常不會蔓延成身體化症狀。相反地，如果內心非常疲憊，但自己卻一點也沒有察覺，就很容易演變成身體化──那些被壓抑、隱藏的情感，透過身體方面的症狀表現了出來。「壓抑（Repression）」也屬於防衛機制的一種，意指無意識地壓抑痛苦的經驗，使其不被意識化，也就是透過壓抑讓自己察覺不到負面情緒。

壓抑是一種不成熟的防衛機制，而且各種心理因素還可能誘發精神官能症（Neurosis），出現精神或身體方面的症狀。由於患者未察覺自身的情感，持續以壓抑的方式處

理，長期累積下來，最終導致了身體化症狀。中年女性或老人經常出現這種現象，他們的症狀一般來自於過度壓抑憂鬱或憤怒，也就是前文提到的「火病」。習慣壓抑情緒的人，大多會對身體上的症狀過度敏感，並出現偏執的傾向。

長期累積的憂鬱和怒火，讓娜英出現了身體症狀。過去在公司經歷許多不合理的事，但她一直選擇獨自承擔和忍受，在諮商的過程中，她才赫然發現自己壓抑的憤怒與無力感十分強烈。後來，娜英一一剖析自己未能消化的憂鬱情緒，身體方面的症狀才逐漸緩和下來。各位有沒有因心理問題而出現身體方面的疾病呢？如果有這樣的經驗，不妨像娜英一樣仔細審視自己的心，解決日積月累的憂鬱，讓身心同時變得健康吧！

自我責備，
懷疑自己
做出的選擇

自我指責與
過度的罪惡感

- 藝璃從小就很討厭自己，因為她覺得自己長得不夠漂亮，頭腦也不夠聰慧，是個平庸的人。藝璃自小就是母親控制與指責的對象，從成績、微胖的外貌到和朋友的關係，無不受到母親的責備。每次考試考不好，她連獨自傷心的餘裕都沒有，總要先看母親的臉色。在準備大學入學考試的期間，藝璃的體重增加了不少，那時也從母親口中聽到許多不堪入耳的話。

最近藝璃告知父母自己交了男朋友，後來便來到諮商室求助，因為母親還沒聽她把話講完，就一味地強力反對。好不容易鼓起勇氣講出來的藝璃，不知道自己還能怎麼做。雖然過去也曾經歷過憂鬱，但這次的情況更加嚴重，她認為自己是一個毫無用處、沒有價值的人。

在諮商的過程中，藝璃一直在自己身上尋找問題的原因，認為在尚未做好準備的狀態下就告知父母，是自己的問題。她覺得自己缺乏魅力，男友沒有理由和自己交往，她因為傷害到對方而產生強烈的罪惡感，加倍地責怪自己。藝璃已經習慣了被責難，現在即使沒有人說什麼，她也不停地自我指責。

憂鬱時，我們會不斷地自我責怪，試圖從自己身上找到癥結，認為自己是個一無是處的人。就算平時對自我抱持著肯定的態度，一旦陷入憂鬱，也會感受不到自身價值，因為「缺乏價值感」就是憂鬱的症狀。而案例中的藝璃，長期以來都是被指責的對象，這類型的人更容易掉進憂鬱的漩渦。

平時沒什麼太大的壓力時，日子過得相對平穩，但如果遇到難以承受的情況，他們會比任何人都還要率先站出來指責自己，然後開始陷入憂鬱。

憂鬱會以滲透的方式找上門來，所以我們很難準確掌握自己的狀態。假如最近你總是在自己的身上尋找問題點，或是習慣性自我責怪，那麼就很有可能是憂鬱降臨。此外，對各種事物抱有過度的罪惡感，並因此備感痛苦，也是憂鬱的主要症狀。希望你能仔細檢視一下內心，看看自己是否符合這些特徵。

專注力與
決策能力低落

- 東鎮最近異常地無法集中精神工作，但工作上沒有太大的變化，壓力也不算大。而更嚴重的問題，是東鎮經常記不清會議上的討論內容，明明就有聽過，但就是想不起來各種重要的細節。他在公司對工作愈來愈沒有自信，而且很難做出決策，經常對一些細微的決

定感到後悔。此外，他也很擔心自己會判斷失誤，所以經常纏著同事詢問意見。

　　思考能力、專注力、記憶力、決策能力下降等認知症狀，常見於患有憂鬱症的人身上，其中束鎮出現了專注力不足、記憶障礙、決策問題、優柔寡斷等。憂鬱時，對特定刺激的專注與集中力會降低，難以進行多工處理，特別是在複雜的工作環境下，效率會大幅下降。有時腦部會像起霧一樣，感覺持續處於放空狀態，這種情況被稱為「腦霧（Brain fog）」。當出現上述症狀時，平時一、兩個小時內可以完成的事，可能會花上一整天的時間。

　　患有憂鬱症且記憶力衰退的案例屢見不鮮，因為憂鬱可能會對記憶力相關的大腦領域造成損傷；也有研究結果指出，具有認知障礙的憂鬱症患者，大腦的某一部分出現了萎縮。有記憶障礙的患者，經常會想不起來自己打算說的某個特定詞語，也會與平時的狀態不同，記不得近期看過的電影或與某人對話的細節。這種症狀，特別容易出現在罹患憂鬱症的老年人身上。

東鎮在決策方面也浮顯出問題，處於憂鬱狀態的人，會在需要對各種事物下決定的環境中遭遇困難。不僅很難判斷哪種決定比較好，還會在做出決定後繼續尋思正確的選項，而變得優柔寡斷。由於他們的情緒相當不安，因此經常擔心自己做出錯誤的選擇，或者為自己的決定感到後悔。此外，他們有時也會懷疑自己是否有資格或能力做決定，當症狀嚴重時，更會對重要的判斷與決策感到負擔，甚至加以逃避。

假如各位也出現前文提及的認知問題，不妨回顧一下自身的感受；若能察覺內心狀態，就等於做好了復原的準備。

經常陷入後悔，
只看到
消極的一面

引發後悔的
反芻

- 銀優有一間經營了三年的新創公司，但創業之前，父
  母早就建議他要有一個穩定的工作，因此，銀優在就
  讀社會學系時，也說要做相關工作或公務員。大學畢
  業後找到第一份工作時，父母並不太滿意，不過，銀
  優還是以誠實和劃時代的創意在公司獲得了認可。以
  此為契機，他決定不要待在公司上班，自己出來創業。

  隨著時間流逝，公司雖然已比初期有所成長，但還是

很難取得讓父母滿意的成功，而問題也就是由此產生。漸漸地，銀優開始對自己的選擇感到後悔，儘管當初是帶著信念與自信走上創業這條路。「早知道當時就聽父母的話了⋯」銀優覺得自己做錯了選擇。

然而，他的悔意不僅出現在事業方面，還擴大到至今需要做選擇的所有日常領域：後悔沒去法學院、沒準備公務員考試。此外，還覺得自己在第一個工作崗位獲得認可，是讓自己走上不穩定之路的原因。不僅如此，他也不斷回憶起前一天和朋友的對話，責怪自己：「我不該那樣說的⋯」他對自己所有的選擇和行為都感到後悔和消沉，甚至還回溯到很久以前的事情上。

「反芻」指的是反覆咀嚼或思考某件事，從心理學的角度來說，就是「反覆把注意力集中在負面情緒上的心理行為」。就像案例中的銀優一樣，反覆思考著「當時應該那樣做的⋯」不斷感到懊悔，把焦點放在負面情緒上。簡單來說，反芻就是持續想起過去的失誤、遺憾或悔恨等負面事件，最終陷入自我指責與非難的惡性循環。

研究憂鬱症、反芻和情緒調節的美國臨床心理學家蘇珊‧諾倫‧霍克斯瑪（Susan Nolen-Hoeksema）指出，反芻會導致憂鬱和焦慮等心理不適應。人們對於憂鬱情緒有一貫的反應模式，而愈是把焦點放在憂鬱上，這種模式就會愈趨僵化，憂鬱也會持續加深，最終導致嚴重的憂鬱症。**換句話說，反芻既是憂鬱的症狀，也是使憂鬱進一步惡化的原因。**

反芻分為兩種類型：侵入性反芻（Intrusive rumination）與精緻化反芻（Deliberate rumination）。前者指的是即使當事人不願意，想法也會自動地浮現；後者則是當事人刻意去回想過往。憂鬱時，不想喚醒的負面想法總是會滲入腦海，這是一種侵入性反芻，也是不具適應性的思考模式。相反的，精緻化反芻則是故意從認知或情緒方面去深思過往的事件，是一種配合情況、進而實現個人成長的適應性思考模式。在心理諮商的過程中，刻意去回想往事並試圖理解的過程，就可以稱之為精緻化反芻。

反芻與過去息息相關，因為當我們的心滯留在過往時，就會開始進行反芻。換句話說，當心對過往產生執著，就

可以看作是一種反芻。身體經歷的時空是現在，但內心卻停留在無法挽回的過往，這種狀態不算是活在當下。假如你也在不知不覺間執迷於過去，不斷對往事感到後悔，那麼就有很大的機率是出現了憂鬱症狀。

消極偏見與
隧道視野

- 珉基最近投資虛擬貨幣失敗，損失慘重。剛開始他看到周圍的人爭先恐後地投資，所以也立刻跟進。認為僅靠月薪無法獲得巨額收入的珉基，受到投資熱潮的影響，瞞著妻子偷偷貸款購買虛擬貨幣。不過，當損失達到難以承受的程度時，他便急遽地陷入憂鬱。雖然家庭關係、職場成就、家庭財務等都尚處於穩定的狀態，但因為憂鬱降臨，他開始覺得所有事情都有問題。與妻子為了小事吵架、在公司聽到的負面評價等，一直在他的腦海裡徘徊不去。珉基深信自己的人生已盡數崩毀，完全沒有挽回的餘地。他感到徬徨失措，眼前一片黯淡，好

像「除了死之外，沒有其他的解決辦法」。

消極偏見（Negativity bias）指的是傾向對某一事件或情況、人際關係、意圖等進行負面的解釋。亦即面對自己經歷的各種事件，只把焦點集中在負面的信息或經驗上。消極偏見是憂鬱的症狀之一，會讓人對自己和他人、世界或不確定的事物產生負面偏向的認知。試著想像一下，有一片寬廣的田地，田裡到處都種有新鮮的紅蘿蔔，但其中也夾雜了一些腐爛的紅蘿蔔。當我們變得憂鬱時，映入眼簾的就只有腐爛的部分，看不見其他新鮮的農作物。這種扭曲地認定田裡都是腐爛紅蘿蔔的思維，就是所謂的「消極偏見」。

比起成功，更容易記住失敗；比起正面經驗，更傾向關注負面經歷──這是人類一路演化的結果，也正因這種消極偏見，才讓人類取得今日的進步。不過，即使經過上述的進化，人類在心靈健康時，依然可以認知到自己的成就與滿足，體驗到積極正向的情緒。換言之，雖然腐爛的紅蘿蔔更顯眼，但我們知道新鮮的紅蘿蔔在哪裡，也可以適時地拔出來享用。

相反地，如果陷入憂鬱，消極偏向會更加嚴重，大腦認知到的情況往往比實際更糟。因此，在憂鬱的狀態下，我們無法想起任何正向的事件或情緒，以致於最後認定田裡的所有紅蘿蔔都已腐爛。例如「在我身上總是沒好事」、「人類全都不足以信任」、「我對任何一方都毫無用處」等，對整體情況進行負面的解釋，而不是只針對其中某一部分。

隧道視野（Tunnel vision）亦是類似的概念，我們在感到憂鬱時，視野會跟著變得狹隘，就像從隧道往外看一樣。平時若遇到 A 問題，或許可以想到 A1、A2、A3、A4、A5 等多種解決方案，但陷入憂鬱時，受隧道視野影響，很可能只覺得前方一片茫然，令人手足無措。就像被困在漆黑的隧道裡一樣，除了那個位於遠方的出口之外，再也看不到其他出路。

以上這兩項憂鬱症狀，是引起自殺的重要原因。在感到憂鬱時，我們會以負面的視角來看待所有的刺激與情況，視野變得狹隘，於是覺得除了死之外，不可能有其他的解決之道。珉基因為投資虛擬貨幣失敗，感受到強烈的憂

鬱，產生了消極偏見和隧道視野的症狀。他明明就可以和妻子商量對策、向他人請求協助，而且也具備償還債務的能力，但消極偏見讓他只看到夫妻關係、個人能力等各領域的負面部分。受隧道視野影響，珉基深信解決問題的方法就只有逃避。

假如你與平時不同，經常浮現消極的想法，而且很難釐清思緒找到問題的解決方案，那麼很可能就是處於憂鬱狀態。不妨暫時停下腳步，以溫暖的視線回顧內心，確認看看自己是否正感到憂鬱。

總是浮現
尋死的念頭

- 英恩是一名留學生，他和家人分開，已經獨自在國外生活了六年。在完全陌生的小鎮裡，他從基本的英語開始學起，一路努力地考上大學。雖然英恩生活的城市有不少韓國人居住，但他非常排斥流言蜚語漫天飛的韓國社會，所以選擇了獨來獨往。

不過，在畢業前夕，英恩開始擔心自己能否順利於美國就業。因為他的大學成績不算優秀，身邊也沒有人可以求助。沉重的課業壓力讓他在念書時總會拔自己的頭髮、用原子筆戳皮膚，甚至想著不如乾脆被車撞死算了。

韓國的自殺率在 OECD 國家中高居首位。據統計廳公布的 2020 年死亡統計數據，平均每天的自殺死亡人數約為 36 人；以 2020 年為基準，10 多歲、20 多歲和 30 多歲的死亡原因第一名皆是自殺。近年來，因新冠疫情而罹患憂鬱症的案例愈來愈多，從韓國保健福祉部公布的 2020 年自殺意念的比率來看，以 30 多歲的人佔 18.3% 為最高，其次是 20 多歲的青年，約佔 17.3%。雖然不是所有自殘或自殺的人都曾被診斷出憂鬱症，但罹患憂鬱症的人當中，有很多試圖自殘或自殺的案例。據研究結果指出，因自殺死亡的人當中，85% 以上皆患有精神疾病。

自殘和自殺意念也是憂鬱的症狀之一，這兩種症狀會對我們造成最立即且嚴重的危害。因此，如果有什麼是一定要向來談者確認的項目，那就是「是否正試圖自殘或自殺，過去是否有類似的情況，或者將來是否有自殺的計畫」。

自殘是在不導致死亡的前提下，一種故意傷害自己身體的行為，例如擊打或割傷身體的某個部位、刻意將傷口放置不管，或者拔自己的頭髮等。自殘行為的目的是為了暫時緩解緊張，從中得到解脫的感覺。此外，在感到空虛時，

患者也會透過自殘來感受自己還活著，或者想藉此逃避令人備感沉重的環境。英恩在念書時拔頭髮、用筆戳自己，都屬於自殘的行為。

其次，自殺意念指的是認真地考慮自殺，或者引導自己走向死亡，包含「想從世界上消失」、「想發生意外或被車撞死」等被動型態，以及「想死」、「想以這種方式死去」等主動型態。此外，自殺計畫指的是因為反覆產生想死的念頭，於是計畫以特定的方法自殺。即使不是馬上付諸行動，只要有與自殺方法、工具、場所或時間的相關計畫，就必須尋求專家的協助。因為憂鬱的症狀一旦惡化，就隨時有可能做出極端行為。最後，自殺企圖指的是為了達成讓自己死亡的目的，做出結束生命的行為。與結果無關，就算計畫只執行到一半，也會被視為企圖自殺。

自殘和自殺是自我破壞的行為，從這一點來看，兩者是類似的憂鬱症狀。假如你經常浮現尋死的念頭，那麼就很可能正處於嚴重的憂鬱狀態。各位現在的心情如何？是否正陷入危險的漩渦裡呢？

Chapter4

撫平憂鬱的
方法

實用的
五大心靈鍛鍊法

可立即嘗試的
減緩憂鬱法

　　與過去相比，近來對精神健康的偏見似乎減少了許多。過去到精神科接受心理諮商的患者，經常會被認為是瘋子或情況嚴重。但是，現在有很多人去大學醫院求診，只是因為自己不擅長整理思緒，或者會為了管理心理健康而前往諮商中心。

　　不過，大部分人在心理方面遇到困境時，仍然會抗拒接受諮商，而是選擇在自己的位置上盡力解決困難，有時則透過書籍尋求幫助。因此，接下來我將介紹一下不接受諮商也能自我治癒的良方，首先是有效撫平憂鬱的方法，這些內容，是實際在諮商室中與來談者分享過的應對之道。

我將各位讀者想像成因憂鬱所苦的患者，希望盡可能地把事例敘述得活潑生動。

憂鬱是把心留在無法改變的過去，不斷地進行反芻，因此，如果想擺脫憂鬱，就必須讓自己活在當下。首先要介紹的「行為活化（Behavioral activation）」，就是督促身體動起來，提高能量水平，藉此擺脫無力感，意識到自己正活在當下。其次，我將介紹撫平「失去」的方法，因為這是導致憂鬱的最大原因。最後，我會告訴大家如何跳脫完美主義的框架，減少罪惡感，然後在關係中獲得治癒，放下對死亡的執念。

這些方法不僅有助於降低憂鬱，也有助於減緩焦慮，重點在於必須配合自己的狀態和情況應用各種方法。接下來，就讓我們進一步探討其中的細節吧！

● ◐ ◑ ● ○ ○

付諸行動
以減少
無力感

　　在提高活動量的方法中,「行為活化」的效果特別好。行為活化是一種治療憂鬱症的方法,由認知行為療法之父亞倫‧貝克(Aaron Beck)及其同事所開發。作為針對憂鬱症的結構化短期治療法,行為活化的目標在於增加現實生活中的獎賞經驗,藉以促進行動的活化。行為活化治療的前提是:「容易憂鬱的人在生活中遭遇壓力時,感受正向鼓勵的能力下降,從而引發憂鬱症」。因此,生活中感受到的喜悅與成就感,就是克服困境的原動力。換言之,行為活化就是規畫能夠帶來快樂與成就的活動,以獎賞為基礎來強化行為的技巧。

行為活化的過程由三個階段組成，其中行為（活動）的建構不是根據情緒，而是來自於計畫。首先，第一階段是增加可以體驗到快樂及成就感的活動；第二階段是減少會引發憂鬱和無力感的活動；第三階段，則是針對活動給予獎賞以強化動機，幫助自己能夠更積極地參與。

行為活化三階段，
我應該做些什麼？

按照上述方法，**第一步要做的就是「找出自己能體驗到快樂與成就感的活動」**，憂鬱症狀較輕的人，在尋找自己的快樂來源時相對容易。通常項目要能夠愈具體愈好，像是「吃蛋塔心情就會變好」、「鬱悶時，去遠方旅行一趟就能轉換心情」、「在安靜的咖啡廳坐著看書，心情就會跟著平靜下來」等。

然而，長期被憂鬱症蠶食的患者，可能會很難找到讓自己快樂的活動。這種時候，不妨回想一下過去的自己喜歡

什麼。例如「記得和朋友見面分享心事時，不安的心情就會減少」、「印象中去電影院看電影時，心情會變得很好」、「被綠色的植物圍繞時，心情會變得很舒暢」等。

尋找能讓自己體驗到成就感的活動，也是一項很好的方式。閱讀一頁書、下班回家前在附近走一圈、用吸塵器打掃房間等瑣碎的活動，都足以讓人感受到成就感。**試著列出能讓自己感受到快樂與成就的活動，每天實踐一項吧。累積小小的愉悅和滿足，將有助於心靈恢復原貌。**

第二階段的目標，是「減少引發憂鬱和無力感的活動」。很少有人會回想什麼活動能為自己帶來快樂，當然也就更沒有人會關心哪些活動可能會引發憂鬱和倦怠。有些人在瀏覽社群網站，拿自己和他人比較時，憂鬱感就會瞬間加重；有些人不分晝夜，只要躺下來就會嚴重地感到無力；有些人則是不規律地大量攝取刺激性食物時，就會感受到憂鬱的情緒。

按照上述的案例，瀏覽 SNS、躺著、大量攝取刺激性食物，就是引發憂鬱和無力感的活動。在這種情況下，最好

能減少接觸社群網站的時間，訂定起床時間並加以遵守，然後在規範的時間內享用健康的飲食等。如果是一想到公事就覺得憂鬱，那麼不妨暫時遠離通訊軟體或聊天視窗，並且將訊息通知關閉。

第三階段「**對自己的行為給予獎勵**」，是行為活化最重要的一環，也就是用紅蘿蔔來犒賞自己的行為，藉此強化動機。正如「讚美能使鯨魚起舞」這句韓國俗諺一樣，人類其實很難在缺少稱讚的環境下生活，尤其是處於憂鬱狀態時，無論做什麼都難以感受到樂趣與成就。因此，我們需要為自己設下獎賞辦法，以便持續體會到快樂和滿足。獎勵可以是任何一項自己喜歡的事物，例如給自己一句稱讚、買一塊小蛋糕自我慰勞、購買平時就渴望入手的某樣東西，或者看一場自己感興趣的展覽。把足以作為獎勵的事物寫下來吧，每當取得小小的成就時，就按照列表上的項目犒賞紅蘿蔔給自己。

行為活化
之應用

　　我在碰到壓力時自信心會下降，開始對他人察言觀色，然後用挑剔的眼光看待自己。有時候是什麼都不想做，有時候則是什麼都做不了。和平時比起來，我會變得更加無力與倦怠，很容易陷入自我譴責。**這種時候，我會意識到「現在的自己需要被讚美」，然後試著運用行為活化的技巧：早上起床後，設定三個足以讓自己體驗到快樂與成就的目標，但不必是什麼了不起的大事。**

　　例如今天的目標是「寫半頁書稿」、「在咖啡廳喝杯熱呼呼的卡布奇諾」、「拋下煩惱，看兩個小時的 Netflix 電影」，而「只待在家裡」會讓身體變得無力，所以無論如何我都會努力走出家門。離開家之後需要一個目的地，於是我找了一間合適的咖啡廳，坐在位置上拿出筆電，一邊寫稿一邊享用卡布奇諾。沒多久，我已經寫完半頁書稿，今天的目標順利達成兩項。回家後，還有最後一項任務等著我，那就是看兩小時的 Netflix 電影，這項活動幾乎不可能失敗。假如目標全數達成，我打算買一株迎春植物犒

賞自己，光想像就覺得心情很好。

　　就像這樣，行為活化會強化動機，幫助自己積極地參與
生活，是一種在憂鬱且無力的狀態下活動身體、轉化心境
的好方法。

承認自我的極限，
擺脫挫折與沮喪

「承認自己的極限」

這句話讓你有什麼樣的感受呢？是想著「原來我只能做到這樣啊」，一陣挫折感猛然襲來？還是想著「我只能做到這樣？我才沒有極限呢」，一股抵抗之意湧上心頭？接下來，我們將談一談承認自我的極限代表何種意義。

難以接受自身侷限的人，很可能具有完美主義的傾向，他們覺得自己沒有極限，盼望著能夠無止境地登上高位。擁抱完美主義的人，罹患憂鬱症的機率非常高，因為憂鬱感容易在不滿意自己的現況時出現，也就是達不到期待中

的高標準，開始對眼前的自我橫加指責的時候。想像史蒂夫・賈伯斯一樣成功，像伊隆・馬斯克一樣富有，像德蕾莎修女一樣善良，像 IU 一樣擁有出色的音樂才能，受到眾人的歡迎，但相比之下，現在的我卻什麼也不是。

從簡易的目標
開始慢慢提升

挫折感讓我無法實現預期的目標，換言之，眼前的局面不是因為我的能力不足，而是挫折與無力感所造成。**對於經常自我指責、陷入憂鬱的人來說，最有效的緩解方法就是「承認自我的極限」。**

試著想像一下，假如完美主義者被賦予一個任務，必須利用樓梯爬到六三大廈的頂樓。這時，大部分的人應該都會站在一樓往上看，開始無邊無際地想著：「我有辦法爬到六十三樓嗎？」、「爬上去需要多長時間？」、「如果爬到一半沒力氣了怎麼辦？」、「如果無法達成目標，中途放棄

會怎樣？」望著難以征服的高樓感到窒息。在這種情況下，如何才能爬上頂樓呢？方法或許有很多種，而「承認自我的極限」也是其中之一。

「承認極限」是代表放棄的意思嗎？不是的。假如一開始就想著要爬到六十三樓，當然會感到挫折與壓迫，因為以前從來就沒有爬到那麼高的地方過。也就是說，如果初期就把目標訂得太高，那麼連踏出第一步都很難，因為心中覺得自己很可能會失敗。在這種情況下，完美主義者會表現出「如果不能成功，那麼就乾脆不要開始」的特徵。

但是，如果我們承認自己的侷限，一切就會有所不同。倘若我願意面對自己當下的極限，那麼就可以把精力集中在力所能及的事情上。例如「我曾經爬到十樓過，現在雖然不可能一次爬到六十三樓，但二十樓左右應該可以挑戰一下」，以這樣的想法接受自己的極限，也就是考慮當下所能做到的最大值。接下來，就按照預想的極限值，從自己能做的事情開始一步步實踐。

就這樣一路爬到二十樓，稍微喘口氣後，感覺自己好像

還可以再爬個十樓左右。假如從一開始就把目標訂在三十樓，可能會因負擔沉重而備感艱辛，但從二十樓再往上十樓的話，感覺就不那麼遙不可及。透過類似的方式，從十樓到二十樓、二十樓再到三十樓，極限值會變得愈來愈大。當你不斷反覆這個過程，會發現自己不知不覺已爬到了五十樓，是不是很令人吃驚呢？

抵達五十樓後，雙腿實在沒有力氣，已經無法再往上了怎麼辦？有的人可能會在原地休息兩個小時，有的人可能會乾脆在五十樓逗留幾天，但那些都無所謂，因為我們已經抵達了五十樓，接下來要爬的樓層只剩下十三層。與已經爬過的樓層相比，十三樓根本不足為懼。我們將會帶著輕鬆的心情爬至頂樓，實現那看似遙不可及的目標。

如前文所述，如果能夠承認自己的極限，就可以專注在眼前能做的事情上，極限值也會變得愈來愈大。**「承認極限」不代表不可能做到，而是「接受現在的侷限」，藉此「逐漸提高未來的極限」**。假如一開始就以賈伯斯當作成功的目標，很可能會感到非常沮喪，因為此刻的我正坐在一間不知名的小辦公室裡。看著瞬間成為世界首富的馬

斯克的報導，然後再轉頭看看自己的存摺，一樣會感到憂鬱。因為在這片狹小的土地上，我連一棟自己的房子都買不起。

當挫折和憂鬱的情緒纏繞不去時，不妨試著仔細分辨看看自己現在的模樣，承認並接受當下的極限。接著，嘗試訂出比自己能力範圍再高一點點的標準，就像從二十樓爬到二十一樓並不困難，完全是可以實現的目標。就這樣一步、一步地往上走，在不知不覺間，就會發現自己已抵達六十三層。只要願意承認極限，極限就會跟著向上提升。

用哀悼
走出失去的
痛苦

　　憂鬱和焦慮的情緒和「失去」密切相關。所謂的「失去」，指的是對我而言重要的人物或角色等對象消失不見。當我們失去心愛的人、社會地位、富裕的經濟等珍貴事物，就會感受到憂鬱；如果預想自己未來會失去或得不到某項珍貴事物，就會變得焦慮不安。然而，生活就像是一連串的失去，無止無盡。換言之，人生無可避免地會持續經歷憂鬱和焦慮，因此，我們必須懂得如何加以應對，才能保護自己免受負面情緒的影響。

失去後的
哀悼過程

面對「失去」，最好的因應之道就是「哀悼」（Mourning）
——在失去時自然而然產生的悲傷（Grief），也是指失去
重要對象後心靈恢復平靜的精神過程。換句話說，這是個
人適應重大失去所帶來的壓力，從中自我恢復的過程。

雖然實際狀況因人而異，但是在哀悼的過程中，一般會
出現幾個共同的情緒階段。首先是衝擊、否認或否定的時
期，也就是因失去而大受衝擊，不願意接受事實的階段。
其次是針對失去的事物進行反覆的思考，亦即腦海中突然
浮現喪失的對象，然後深刻地反思為什麼這種事會發在自
己身上。第三階段，就是所謂的絕望與憂鬱期，也就是慢
慢開始接受失去，表現出自然的哀悼反應，同時感受到悲
傷、絕望、憂鬱、憤怒、不安、罪惡感等多樣的情緒。最
後迎來的則是恢復期，也就是逐漸回到日常生活，雖然和
以前不一樣，但仍舊致力於創造良好的生活。

專門研究死亡和臨終的心理學家伊麗莎白・庫伯勒・

羅斯（Elisabeth Kubler-Ross）提出的「悲傷五階段」，也是與此類似的理論。雖然「悲傷五階段」理論主要在說明人類臨終前的哀悼過程，但也有助於理解人在面對失去時的各個心理階段。據該理論指出，痛失珍貴事物的人，會經歷否認（Denial）→ 憤怒（Anger）→ 討價還價（Bargaining）→ 沮喪（Depression）→ 接受（Acceptance）這五個階段的變化。

否認是拒絕接受失去的階段，憤怒則是表達強烈挫折與憤慨的時期；討價還價是面對失去找尋問題解決方案的階段，沮喪則是感受到失去，經歷悲傷與憂鬱的時期，有時也會摻雜著恐懼。最後，接受是意識到失去，認清並接受眼前的情況，也就是適應新環境，進入恢復的階段。

然而，並非所有哀悼都是按照上述的順序進行，也不是所有人都會經歷同樣的過程。有可能多種階段同時出現，也可能跳過某個階段，因為哀悼是屬於個人的經驗。

盡情地悲傷，
然後好好說再見

哀悼中最重要的階段，就是表達和消解負面情緒，充分感受悲傷、憂鬱、無力、不安、罪惡、羞恥、空虛、絕望、孤獨、憤怒或敵對等時刻變化的情感，是哀悼不可或缺的過程。有些人在經歷失去後可能不會感到委屈或生氣，也有人流不出眼淚，刻意迴避哀悼的階段。然而，愈是感到憤怒和生氣，埋怨這種事為什麼發生在我身上，其實對哀悼的過程更有益。想著離去的對象，讓自己盡情地悲傷和哭泣，也是很好的哀悼方式。

和某人分享自己的情感、想法與態度也是極為重要的一環，因為負面情緒唯有在充分地表現出來之後才能消除，不能一味地囤積在心底。假如缺少這個過程，很可能會長期思念著失去的對象，陷入無盡的自憐之中。哀悼的最後，一定要好好地向離開的對象說再見。**「送走」不代表「遺忘」，反而是另一種「惦記」，唯有接受失去並好好地道別，才能繼續與對方維持健康的關係，然後讓自己走上恢復的道路，充實地活在當下。**如今，想起再也無法觸

及的事物時，忍不住發火、哭泣、害怕、想念，然後好好地說再見，對我們來說是不可或缺的哀悼過程。

不過，剩下的悲傷仍會繼續同行。失去和哀悼的過程，本身就是件非常悲傷的事，因此，即使經歷了哀悼的所有階段，剩下的悲傷也無法輕易抹去。創傷後成長（Posttraumatic growth）的人經常異口同聲地表示：

「必須與悲傷同行」

經歷過充分的哀悼，然後活在當下的人，以及那些從失去中獲得成長的人，對悲傷表現出了包容與接納的態度。「與悲傷同行」這句話，意味著持續地惦念，也是為經歷失去之痛的自己哀悼，然後一同往前走。「悲傷」一詞的反面，其實是另一種「雋永」。

改變信念，
停止自責

　　「不能對別人造成傷害」，我遇過很多人都抱有這樣的信念，或許正在讀這本書的各位，也有不少人懷著同樣的想法。例如有些人說錯話時傷害到他人，或者使情況變得尷尬時，就會陷入自責；有些人覺得自己給別人帶來麻煩，於是就開始自我譴責；有些人擔心自己會對別人造成傷害，所以不斷地察言觀色，或者明明沒有人受害，卻總是回頭檢討自己。以上幾種類型的人，經常會感到憂鬱，如果自己真的成為了加害者，其中的痛苦更是不可言喻。

「不能對別人造成傷害」，
為什麼會出現這種信念呢？

之所以會形成這樣的信念，原因就在於「基模（Schema）」。所謂「基模」，指的是對自己和世界的思考框架，也就是對生活的基本信念。「在某種情況下，應該這樣思考、那樣感受，然後做出某種行動」，這是每個人在有意識或無意識之下內化的一種準則。

亞倫・貝克（Aaron Beck）曾對憂鬱症患者的三種思維做出了解釋，並將其稱為「認知三元素」（Cognitive triad）。首先，第一種思維是對自己抱有負面想法，深信「我是沒有能力的人」、「我毫無價值可言」。第二種思維，是對周圍環境和世界懷有負面想法，認定「這個世界充滿了威脅」、「人類是不可信任的存在」。第三種思維，是對未來抱持消極的想法，認為「未來的我會失敗」、「我的未來沒有希望」、「沒有任何事值得期待」。

認知三元素是從過去的經驗中形成且趨於習慣，然後以固定模式出現，這種堅定的想法，是一個人對自我、世界

和未來的基本信念與根源。也就是說，在日常生活中，每當經歷特定事件時，就會自動浮現出類似的想法。如前所述，以「不能對別人造成傷害」為信念者，在覺得自己傷害到他人，或給對方添麻煩時，就會開始自我譴責，並為此感到痛苦。亦即在認知三元素中對「自我」的負面想法，會變得更加根深蒂固。

不想給別人添麻煩的人，通常也很討厭他人對自己造成困擾，因為在受害的情況下，就會證實自己對他人與世界的負面信念。亦即，相信傷害他人的自己是壞人，傷害我的對方也是壞人，這個世界充滿了邪惡。因此，當自己成為加害者時，他們會感到憂鬱和焦慮；當自己成為受害者時，則會表現出憤怒。

有時，我們無可避免地
會傷害到他人

我們真的有可能不對他人造成傷害，並且讓自己避免一切創傷嗎？仔細想想，**其實我們每個人都是受害者，同時**

也是加害者，亦即隨著情境不同，我們會在這兩種角色中輪替。人類是以自我為中心的動物，想要吃喜歡的食物、與契合的朋友相處、到滿意的地方工作，也希望配偶能按照自己的期待行動，孩子能順著父母的心意長大。

然而，有時我們無意間的行為，卻會造成受害者產生。例如和朋友一起用餐時，如果選擇了我想吃的披薩，朋友就吃不到自己想吃的炸雞，在這種情況下，提議吃披薩的我等於是讓朋友的權益受損。此外，當我在高競爭率下好不容易進入某間公司時，就代表其他應徵者受到了挫折；反之，如果有人取代我被錄取，我也會因此而感到難受。又或者與配偶吵架時，我若傾向立刻解開矛盾，需要時間冷靜的配偶就必須做出犧牲。**由此可見，就算我們無意也不願去傷害他人，這個世界的運轉還是充滿了加害者與被害者的輪替。換言之，我們應更加擴大、靈活地去理解被害者與加害者的概念。**

堅持「不給人添麻煩」的人之所以會感到痛苦，是因為他們只學到了「不能對別人造成傷害」，所以很難理解有時我們無可避免地會讓他人受傷。「不傷害他人」的信念

固然有其價值，但認清自己「有可能傷害到他人」也非常重要。同樣地，認為「自己絕對不能被害」的人，也必須接受這是根本無法實現的理想。每個人都會犯錯，亦是可能對他人帶來傷害的不完美存在。

讓我們銘記於心吧，生活中的每一天，我們都可能數十次地成為加害者或被害者。那麼，擔憂「我是不是傷害到誰」的情況是否能就此減少呢？在諮商室裡，經常會碰到以類似信念自我折磨的人。每當碰到這種案例，我也會感到十分難受，懂得以利己角度思考的人，大部分都不會在乎對他人造成傷害；反之，因為這種信念而備感痛苦的人，大多懷著不願傷害他人的善良。

當然，覺得自己傷害到他人也無妨，對此毫不在意的人，很難被視為成熟的性格；努力不對他人造成傷害者，在社會上才屬於更成熟的表現。但是，在現實生活中，我們有可能是被害人，也可能是加害者，唯有接受「有時免不了傷害到他人」的事實，才能形成完整且柔韌的信念，從令人痛苦不堪的憂鬱中擺脫。

惦念某個人，維持自己的**生存欲望**

在日常生活中，很多人都曾浮現求死的念頭，而其中真正考慮過自殺的人，大約佔總人口的 10%。也就是說，在身邊的十個人當中，大約就有一名曾經認真考慮過死亡。自殺的想法不分對象，無論富有或貧窮，與家人朋友的關係是好是壞，有沒有找到合適的職場，都有可能興起自殺的意念。至今為止從未想過自我了結的人，也不代表未來能夠保持下去，每個人都可能隨時產生自殺的想法。

人們為什麼
會想死？

當我們覺得無法掌握自己、周邊環境和未來時，求死的可能性就會增加，就像憂鬱症的認知三元素一樣。長期感到倦怠和無力，也會促進自殺的念頭，這就是為什麼自殺會成為憂鬱症的症狀之一。除此之外，在得知家人、親戚、朋友等親近之人自殺的消息後，自殺的傾向就會隨之提高。自殺傾向與致命性可說是同義詞，意指一個人可能親手了結自己的狀態。

有些人在看到知名人士或自己的偶像自殺時，也會將自己和該對象連結，試圖做出自殺的行為，這種現象被稱為「維特效應（Werther effect）」。從維特效應或自殺模仿等現象可以得知，自殺會在人際關係中互相感染，而引發自殺意念最危險的因素，就是所謂的社會孤立感。當我們覺得自己在社會上是毫無價值的存在，對任何人都沒有幫助，或者世上彷彿只剩下自己一個人時，這種孤立感會瞬間降低自殺的門檻。從這一點來看，我們無法否認人類是彼此相連的存在。

心理剖驗（Psychological autopsy）是找出死者自殺原因的一種方法，意指透過自殺者留下的線索或生活紀錄等資料，以及與身邊熟識之人的面談，找出死者自殺原因的一種科學方法。亦即剖檢的對象不是屍體，而是死者的心理狀態。推測死者生前可能有精神方面的疾病，進而展開心理剖驗的案例中，約有 88.9% 的人精神健康異常，其中憂鬱症佔了 64.3%。從數據上可以得知，憂鬱和自殺有著密切的關聯。然而，專家曾經指出：

「自殺不只是一種衝動行為，也無法僅用憂鬱症來解釋」

亦即，自殺強烈地受到社會影響，不僅僅是個人的問題，而是與社會息息相關，且人際關係就是核心。

再一次，
治癒來自於關係

在諮商現場，經常遇到曾強烈試圖自殺的人。每當此時，我都會小心翼翼地詢問對方：是什麼樣的動力讓他們選擇繼續活下去。雖然不是所有人都有答案，但那些曾徘徊在死亡邊緣又決定重生的人，是這麼回答我的：

「在那一瞬間，我突然想起了『某個人』」

那個人，有可能是家人、朋友，也可能只是路過打招呼的鄰居。在痛苦到想尋死的瞬間，讓我們轉念留下來的，就只是「某個人」的存在而已。仔細想想，生活的動力並非來自於宏偉的目標，而是身邊有某個願意為我著想，或者我想盡全力守護的人；只要有這樣一個人存在，就會覺得這世界還值得活下去。

我在諮商開始之前，會和來談者簽一份文件——生命尊重誓約書。過去稱為「自殺防止誓約書」，現在則成了承諾尊重個人生命的文件。填寫這份誓約書時，必須承諾會

珍惜和愛護自己，假如有自我傷害的念頭，一定會向某個人請求協助。除了諮商師或附近急診室的精神科之外，也要試著回想身邊的某一個對象，並且和對方取得聯繫。

這時，我會請來談者想一想珍惜自己的人，然後在紙上寫下對方的名字，有可能是父母、朋友、配偶、老師或動物伴侶。其實，這份文件並沒有任何法律效力，但是在當事人試圖傷害自己時，卻能夠發揮驚人的力量。在打算從這個世界上消失時，這紙誓約會讓人想起某一對象，再次回顧處於那段關係中的自己。換言之，簽下誓約時的記憶，以及心中惦念的對象，相當於挽救個人生命的最後一道安全裝置。

我們無可避免地需要和某人聯繫在一起。如同在關係中出生、在關係中生活一樣，當我們與某人產生聯繫時，才能以自己最原始的面貌活下去；當「我」成為「我們」時，才得以從憂鬱中擺脫。換句話說，就是將自我、他人及世界相連。你是否曾有過思緒停留在過去，獨自陷入憂鬱的經驗呢？是否曾覺得這世上自己一個人孤單無助，出現了尋死的念頭呢？

請藉此機會環顧周圍，找找看有哪個人願意為我著想，就算彼此沒有很深的交情也無妨。希望你能回想起今天遇見的某個人、眼下可以取得聯繫的某個對象，以及現在正寫著這本書的我。**別忘了，此刻的我們也正連結在一起，一同生活在這世界上，而讓我們繼續活下去的動力，從來都只是因為某個人的存在。**

Chapter5

未來如何
撼動現在

焦慮的
各種面貌

●●◑◐○○

焦慮，
擔心尚未實現的
未來

　　焦慮的人習慣將視線放在未來，尤其是那些可能發生的負面經歷或事件，妄想掌握那無法預測的人生。當我們費盡心力，試圖去控制未來的所有細節時，焦慮的情緒就會隨之浮現。例如對未來房價的漲跌感到憂心、害怕自己可能感染新冠病毒而不敢出門，或是擔心在會議上遇到臨時提問等。

　　這類型的人，雖然身處的時空是現在，但心卻已飛到了未來。由於眼下的行為都會受到不確定的未來影響，因此很難充實地活在當下，陷入焦慮的可能性也就相當高。事

實上，焦慮是一種能夠自我保護的正常情緒反應，它會在感知到危險時對我們發出警告，以便做好因應的準備，在不斷變化的環境中維護自身安全。然而，**如果一味地把焦點置於未來，反而會陷入焦慮的漩渦，導致未來一步步吞噬現在。**

想好好生活，
躲過一切變數的心

嚴重焦慮的人，就算眼下的生活沒有問題，也會每天都過得惴惴不安，對當前的日常感到不滿。因為他們覺得自己若不立刻採取某種行動，不安的未來就會馬上降臨。其實，焦慮也和憂鬱一樣，都源自於想好好生活的渴望，也就是如果想過得好，現在就必須提前布局，做出某些修正。然而，未來如果強烈地吞噬現在，將導致我們難以專注地活在當下。

焦慮屬於一種未來指向的情緒，是在面對無法預測的未

來時，針對某種可能性所產生的感情，亦即對未來不確定性的感受。不確定性耐受度低的人，在面對未知的情況時，會將焦點過度集中於負面結果，隨之感到擔心與焦慮，最終招來更糟的局面。未來對每個人而言都是不確定的，但對此耐受度低的人，卻希望對所有細節做出明確的決定，以求掌握那無法預測的未來。由於這種想法本身就不可能成功，所以他們會開始變得焦慮，在反覆的嘗試之下，情況也益發惡化。

焦慮的核心在於擔憂，也就是思考未來可能發生的事件。**在不確定的情況下，為了避開潛在的威脅和負面情緒，我們會使用「擔憂」這樣的方式進行應對，誤以為擔心就可以減少負面事件發生的機率，然後找到更佳的解決方案。不過，擔憂其實只會製造並催化問題的產生，因為它將帶來更多的負面思考，加重焦慮的情緒**。就像這樣，當我們的心停駐在未來時，情緒就會變得焦慮，隨之招來一連串的不安。

和憂鬱相同，焦慮形成的原因既複雜又多樣，有可能是與生俱來的氣質，也可能來自於遺傳。若母親經常感到焦

慮，孩子會在耳濡目染下受影響；巨大的壓力或心理創傷等，也是引發焦慮的因素。此外，即使內心專注於過去和現在，也無法完全避免焦慮的侵襲。不過，若造成焦慮的原因是對未來過度糾結，那麼只要努力把視線轉移到現在即可，這麼做相對容易從焦慮中解放。

感到焦慮並不是罪，把焦點投放在未來也無所謂對錯。但是，如果因為心停駐在未來，而無法充實地活在當下，那麼不妨抬起頭轉換一下視線吧。等著你的未來，或許比想像中還要更穩定、更多彩。

不容忽視的
嚴重問題

焦慮對我們來說是相對熟悉的精神科用語，在日常生活裡，像是考試前感到緊張，或者有重要的發表時，我們都經常使用到這個詞彙。「焦慮」在辭典中的定義是「心神不寧，提心吊膽」，或許正因如此，相較於其他的心理問

題，人們把焦慮這樣的心理狀態看得較輕微。在提到憂鬱症、躁鬱症、思覺失調症時，人們多會以嚴肅的態度去處理，但面對社交恐懼症、恐慌症等與焦慮有關的症狀時，就不覺得是嚴重的問題。此外，人們傾向將焦慮視為個人的性格特質，而非心理問題或情緒障礙。比起建議患者前往醫院求助，更常說的反倒是「你的性格本來就敏感又不穩定」，以致於焦慮的問題很容易被忽視。

處於焦慮中的人，無法準確地辨識自己的不安程度，難以判斷這種焦慮是一般人的日常感受，還是已超過正常的基準。甚至還有許多人根本不知道自己經歷的情緒叫作焦慮，只是一味地用疲憊、痛苦等詞彙來表現。**焦慮有一種不顯於外的特徵，雖然當事者的內心已呈現戰爭狀態，但外表卻完全看不出來，就像是一座無聲的戰場。**

曾經有位來談者主訴的問題是憂鬱，剛開始透過心理評估和面談，判斷出的結果是「患者處於嚴重的憂鬱狀態，但焦慮程度輕微」。不過，隨著諮商排程的推進，來談者內心潛藏的焦慮開始顯露了出來。我漸漸發現，如果要協助對方恢復心理健康，應該要把重心放在焦慮，而不單只

是排解憂鬱。焦慮的特徵就在這裡，陷入焦慮狀態的人，經常不清楚自己是否感到焦慮，而且從表面上也很難分辨，這正是我們不能輕忽焦慮的原因。

焦慮浮顯於外時，經常會伴隨著身體上的症狀，因此，接下來我們將透過具體的案例，進一步確認自己是否處於焦慮狀態。就算我們無法意識到自己的焦慮情緒，或許也可以從身體上察覺某些徵兆。

日常型焦慮和
焦慮症
有什麼不同？

在預期有危險的情況下，每個人都可能感受到焦慮，前文也曾經提到，焦慮是人類生存和維護自身安全必備的情感。考期臨近、有重要的面試、與家人吵架，或者發現健康異常時，都有可能產生焦慮的情緒。這種日常型的焦慮，只要隨著時間流逝、休息或脫離引發焦慮的情境，就會逐漸平復。相反地，焦慮症的程度或頻率則更加嚴重，會表現為症狀多元的疾病，僅憑個人的意志很難解決。

焦慮的光譜和
診斷基準

　　那麼，該如何區分日常型焦慮和焦慮症呢？接下來提及的各種症狀，在日常型焦慮和焦慮症中都會出現，差別只在於症狀的強度和頻率。亦即兩者的區分，取決於症狀所處的光譜位置：在某種範圍內屬於日常型焦慮，若超過某個分界點，就會被判定為焦慮症。如下圖所示：

　　焦慮症的種類相當多元，根據美國精神醫學會《精神疾病診斷與統計手冊》記載，與焦慮相關的疾病包括：分離焦慮症、選擇性緘默症、特定性畏懼症、社交恐懼症、恐慌症、廣場恐懼症、廣泛性焦慮症等，接下來就以其中最具代表性的廣泛性焦慮症為例進行說明。所謂「廣泛性焦慮症」，指的是對學業、職業、健康、財政、死亡、家庭、未來等幾乎所有領域或活動過度感到焦慮。

判斷基準如下：

A. 對各種事件或活動（如職場或學校）表現出過度的焦慮與擔憂，至少持續六個月以上，且擔憂的日子比不擔憂的日子還要多。

B. 當事人覺得自己難以控制這種擔憂的情緒。

C. 焦慮和擔憂伴隨著下列症狀中的至少三項（過去六個月裡，出現症狀的時間大於未出現症狀的時間）：

1. 坐立不安，或者有站在懸崖邊的感覺。

2. 容易疲倦。

3. 難以集中精神，腦袋一片空白。

4. 暴躁易怒。

5. 肌肉緊繃。

6. 睡眠障礙（難以入睡、無法保持熟睡，或者徹夜輾轉難眠，對睡眠狀態不滿意）。

D. 焦慮、擔憂及身體上的症狀，在社交、工作或其他重要功能方面造成顯著的痛苦或損害。

E. 不是因其他物質（如濫用藥物、治療用藥）或身體疾病（如甲狀腺機能亢進）所導致。

F. 無法以另一種精神疾病做出更好的解釋。

廣泛性焦慮症的關鍵特徵是過度的焦慮與擔憂（請參考基準 A），也就是說，當焦慮與擔憂的程度、持續時間和頻率，實際的影響超過預期時，即可被判定為廣泛性焦慮症。此外，由於患者難以調節這種焦慮的情緒，日常生活也會連帶受到影響。區分日常型焦慮與焦慮症有兩個重要的標準：首先是持續時間。日常型焦慮會在短期內恢復，假如引起緊張的事件或狀態獲得解決，不安感也會跟著降低。反之，焦慮症的特點是症狀持續六個月以上，過度地感到擔憂且難以控制。

其次是主觀的痛苦程度，以及症狀是否導致日常功能喪失。假如患者因焦慮症狀而備感痛苦，那麼與其歸類為一般的焦慮，不如判定為焦慮症更為恰當。此外，就算患者本人不覺得難受，但日常功能因此受到了影響，就應該診斷為焦慮症。例如因過度焦慮，導致無法在考試時發揮實力、不能站在台前發表，或是擔心發生意外，而大幅減少出門次數時，就會被認定為焦慮影響到了日常功能。與此同時，合併基準 C 中三個以上的症狀，才會被診斷為焦慮症。

再次強調，焦慮與否其實非常主觀，所以患者本人很難分辨自己的焦慮感有多嚴重。尤其是從小就具有焦慮特質的人，因為已習慣處於不安狀態，所以更難做出區分。接下來，我們將進一步探討焦慮的症狀，若各位的情況符合其中一部分敘述，且難以從中掙脫的話，希望你能尋求臨床心理師或精神科醫師的協助。專家們會掌握你的症狀與徵候，給予明確的診斷，並提供一些可行的方向。

以多種面貌
襲來的焦慮

焦慮是一種複合情緒，而不只是單一情感。亦即，焦慮是由憤怒、恐懼、嫉妒、失望、驚慌、悲傷等多種情感重疊而成，症狀既多元又複雜。

感到焦慮時，可能會出現難以入睡，總是在凌晨醒來的失眠症。除了消化不良外，還會有頻繁如廁、心悸、呼吸困難等身體症狀，且極易受到驚嚇，感覺變得神經兮兮。此外，由於長期處於緊張狀態，還會產生肌肉痠痛、頭痛

等症狀，總是感到疲勞與倦怠，擔憂的事情一件接著一件。有時患者也會經歷如死亡般的恐懼和恐慌，對人們的目光顯得更加在意。其他還有頭昏腦脹、注意力降低、比平時更加執著且追求完美等，有部分症狀與憂鬱症相同或類似。

當然，焦慮感來襲時，不是所有症狀都會同時出現。有些人是心跳快速、呼吸急促和頭痛，身體症狀較為明顯；有些人則是對他人的評價變得敏感，經常難以入睡，想強迫性地控制自己的日常。換句話說，每個人表現出來的焦慮症狀不盡相同，接下來我們將透過具體的事例，仔細觀察焦慮的各種面貌。希望各位讀者能藉由這些內容，檢視一下自己是否正處於焦慮狀態。切記，就算只符合其中一、兩種症狀，也可能是焦慮的表現。

失眠、
消化不良和
頻繁如廁

失眠與
反覆做惡夢

- 自從和男友聊完婚事後，侑真就開始難以入眠，她經常躺在床上翻來覆去，轉眼就過了三、四個小時。有時候彷彿睡著了，但聽到一點小聲響就會驚醒，早上起床後就像熬夜般疲憊不堪。對侑真來說，結婚是個無比困難的關卡。

  兩年前，侑真的姊姊曾把結婚對象帶回家，介紹給父母認識。當時受到的衝擊，侑真至今仍無法忘懷，因

為她第一次看到父母露出如此陌生的模樣。父母初次見到姊姊的男友，就對他拋出許多無禮的提問，最後婚事也因此破局。目睹這些過程的侑真，一想到要把自己的男友介紹給父母，就覺得眼前一片茫然。她擔心父母對自己選的對象不滿意，也害怕他們向男友說重話，為此感到極度的焦慮。

焦慮最容易體現在睡眠領域，當內心感到不安時，憂慮就會隨之增加，接連不斷地的思緒會讓身體處於清醒狀態，難以安然入睡。就算好不容易睡著，也無法擁有良好的睡眠品質，因為身體仍是清醒的狀態，所以聽到一點聲響就會驚醒，最後只能睜著眼睛熬到天明。此外，因焦慮而出現睡眠障礙的人經常做惡夢，潛意識會反映出現實的焦慮，所以他們總是會夢到被什麼東西追趕等不愉快的內容。**一般人在面對壓力時，會為了逃避而躲進夢鄉，但處於焦慮狀態的人，就算在夢裡也會無止境地擔心現實。**

平常睡眠品質佳的人，在碰到壓力時也會經常失眠，躺在床上東想西想，很快就會在煩惱和擔憂中迎來黎明。就算好不容易入睡，睡眠品質也會大幅下降，隔天感到異常

地疲勞。不過，健康的人通常只要問題獲得解決，就可以重新睡個好覺，而患有焦慮症的人，則是會長期出現睡眠障礙。

「一週三次，且症狀持續三個月以上」是判斷睡眠障礙與否的基準，假如符合這項條件，建議立刻尋求專家的協助。睡不好、經常做惡夢是件相當難受的事，如果焦慮是症狀的起因，那麼可以先試著觀察一下內心，撫平心中的不安。

消化不良，以及頻尿、急尿和殘尿感

- 允智即將參加研究生面試，不過，她想走的方向與先前專攻的領域不同，因為有很多不懂的地方，這點讓她十分焦慮。不知從什麼時候開始，允智出現了消化不良的症狀，腸胃經常脹氣，吃飯時總覺得食不下嚥，不管吃什麼都難以消化，肚子痛、腹瀉的情況屢見不鮮。此外，允智也會頻繁地跑廁所，明明才剛去

完洗手間，沒多久又馬上產生尿意。

焦慮症和自律神經系統調節能力息息相關。自律神經系統是周圍神經系統的一部分，參與心臟跳動、呼吸、出汗、消化道蠕動和消化液分泌等我們無法用意志控制的功能。自律神經系統由交感神經系統和副交感神經系統組成，兩者作用的方向相反，彼此維持平衡。也就是說，若其中一方受到促進，另一方就會受到抑制。

交感神經系統在我們處於危險情況、運動量大時才會隨之活躍，為了向身體供給能量，通常以提高心跳與血壓、擴張瞳孔、流汗等方式來應對壓力。反之，副交感神經系統活躍時，心跳數和血壓會降低，促進消化道蠕動，身體機能趨於穩定。患有焦慮症的人，自律神經系統的調節能力會下降，交感神經呈現過度亢奮的狀態。

焦慮時，之所以會有消化不良、便祕、腹瀉等消化系統的問題，原因正出於此。當交感神經過度亢奮，消化液的分泌與消化道的蠕動會受到抑制，所以就算吃得很少，也容易堆積在腸胃道中，出現消化不良的情形。許多人在罹

患焦慮症時，也會得到所謂的「大腸激躁症」。大腸激躁症為一種功能性腸道疾病，是在腸胃道沒有任何病變的情況下，大腸肌肉變得異常敏感，伴隨有慢性腹痛、腹部不適感、排便障礙等症狀。在面對考試、報告等壓力大或緊張的環境時，如果經常腹部悶痛、頻繁如廁的話，很可能是大腸激躁症的症狀。

高中時，每當碰到模擬考，我總是會在第一節語言課時跑去上廁所，就算想忍也忍不住。同樣的模式不斷反覆，我開始擔心大學入學考當天會不會也一直跑廁所，內心變得更加不安。雖然入學考試並沒有考好，但我在成年後懂得調節自己的焦慮情緒，現在已經不會在關鍵時刻總是跑廁所了。

在醫院接受臨床心理訓練課程時，曾經和同期們聊過焦慮症，某位同學指出：「患有焦慮症的人，好像很多都會在檢查前跑廁所，或者在檢查途中突然感覺到尿意」。這段話讓我不得不認同，因為心理評估只有不到一個小時，在檢查前或檢查途中跑廁所的患者，其實大部分都具有焦慮問題。

頻尿的症狀也與焦慮有關，因為壓力會讓膀胱過動，導致如廁次數頻繁的頻尿、難以忍住的急尿，或者上完廁所也沒有爽快的感覺，總是有沒排乾淨的殘尿感。從心理學的角度來看，小便是獲得心理安定的一種方法，可以藉此緩解內心的緊張。此外，上廁所的行為也可以視作一種迴避緊張的方式，因為廁所這樣的私人空間，可以讓人暫時逃離壓迫的環境，藉此自我保護。

　　假如最近經常消化不良，或者頻繁地跑廁所，不妨確認看看是不是焦慮引起的症狀，問問你的心現在過得好嗎？

心跳過快、
呼吸困難或
時常受驚

心跳加速與
呼吸困難

- 勝鉉在不久前發表的人事考核中只拿到了 C，生平第一次獲得這麼低的分數，讓他緊張得心跳加速。很可能無法獲得升遷的危機感，以及公司同事會不會開始不看好自己，這些想法讓勝鉉對未來感到一片茫然。以前的他從來沒有失敗過，不只畢業於眾人認可的名校，順利進入大企業任職，也從來沒有聽過工作能力不佳的評價。不過，這次的人事考核與以往不同，不

再只重視業務成果與能力，而是把焦點放在團隊合作上，因此勝鉉得到了比預期還要低的分數。

後來，勝鉉只要一進公司就會心跳加速，變得焦慮不安，開會或者被主管點名時，還會緊張得喘不過氣，必須不斷深呼吸才能找回原本的節奏。時間流逝，這樣的症狀愈來愈嚴重，除了在公司之外，在家睡覺前也會莫名地心跳加速。勝鉉以為自己的心臟或肺部出問題，立刻前往醫院接受各種檢查，但最後沒有發現任何異常。

心悸、呼吸困難等症狀，就是交感神經系統過度活躍的典型案例。當交感神經過度興奮時，血液就會湧向心臟，例如跑步時，身體會讓心臟加速跳動，以便供給大量的血液至全身。而心臟跳動得愈快，肺部也要加快呼吸的速度。就像這樣，交感神經系統活躍時，心跳就會加速，呼吸也會跟著變急促。不過，因為交感神經所屬的自律神經系統是在大腦的指揮下運作，當我們處於高壓狀態時，大腦也會敏感地產生連動，使交感神經過度活躍。因此，

即使在放鬆的狀態下，心臟和呼吸也會像在跑步時一樣快速。

當我們感到心跳加速、呼吸困難時，最先想到的就是心律不整之類的心臟疾病，勝鉉也到醫院接受了心電圖和血液等各項檢查，但身體沒有任何的異常。接著，他再次接受了肺部檢查，但結果也沒有出現任何問題。最後，醫師建議勝鉉前往精神科就診，並指出這些症狀的起因很可能來自於焦慮。

敏感及
時常受驚

- 心悸、呼吸困難的勝鉉，受驚的情況也愈來愈頻繁，只要公司裡有人叫自己，他就會大驚失色。會議時，他也很擔心有人會詢問自己的意見，總是繃緊神經、嚴陣以待；每當收到訊息或郵件通知時，心跳就會突然加速。在家裡時也一樣，為了煮泡麵而設置的計時器發出聲響時總會讓他嚇一大跳，甚至還燙傷了手。

此外，接到媽媽打來問候的電話時，他也會忽然心跳加速。因為變得非常敏感，所以碰到細微的刺激也經常受驚，難以正常地生活。與此同時，性格也變得愈來愈尖銳，最後勝鉉選擇到諮商所求助。

勝鉉時常受驚、變得敏感的理由，也是在於過度警覺（Hyper arousal）。亦即交感神經變得活躍，身體過度覺醒，所以對一點細小的刺激也會反應過度。我們的身體和心靈緊密相連，當內心陷入焦慮時，身體就會跟著出現症狀。不過，這種過度警覺的情況會超越特定的環境，逐漸蔓延到整個日常生活。就像勝鉉一樣，雖然壓力來自於公司，但是這種不安與焦慮，就算回到家中也會出現。

神經變得敏感，可以說就像是心站立於懸崖邊的狀態。想像一下，如果自己站在隨時可能墜落的懸崖上，那麼即使是一陣微風輕拂，也會忽然地嚇一大跳，變得極度敏感。各位現在的感覺如何呢？是不是也像「杯弓蛇影」一樣，對一點小事也會受驚呢？如果你也出現和勝鉉一樣的情況，不妨回頭檢視一下自己的心理狀態。焦慮的情緒是否正在蠶食著你的心呢？

總是感到頭痛或
肩頸痠痛，
異常地疲倦

慢性肌肉疼痛與
慢性頭痛

- 秀賢是位 30 多歲的上班族，患有慢性的肌肉疼痛。
  高中時，他因為斜方肌痠痛和頭痛，第一次前往醫院
  接受治療。隨著考試負擔加重，念書時肩膀和頭部都
  會異常地疼痛，導致他無法長時間維持同一個姿勢坐
  著。可是，不管他前往復健科接受物理治療，至疼痛
  醫學科拿藥，還是到中醫接受推拿與針灸，疼痛都只
  會暫時性地緩解。就這樣，秀賢帶著疼痛一起生活了
  十幾年。

從三年前開始，秀賢會努力在用餐時間吃些健康的食物，也養成固定運動的習慣，有氧、瑜珈、皮拉提斯等，只要是能緩解壓力的運動，他全部都嘗試過。雖然飲食療法和運動有稍微減輕身體上的疼痛，但只要一感受到壓力，肌肉方面的痛症就會再次復發。每次去醫院，醫生給的建議都是「不要給自己那麼大的壓力」，不過站在秀賢的立場，這樣的話聽起來太不負責任。有時秀賢也會感到非常挫敗，因為不管他怎麼努力，擺脫壓力都不像嘴上說得那麼容易。

肌肉疼痛和頭痛經常和焦慮相伴出現。纖維肌痛（Fibromyalgia）是引發肌肉、關節、韌帶、肌腱等軟組織慢性疼痛的症候群，不過在軟組織上並未出現任何異常。據纖維肌痛的患者指出，疼痛的感覺主要集中在腰部以下、頸部或肩膀，且痛症有朝全身擴散的趨勢。

雖然纖維肌痛的成因尚不明確，但目前可以理解為「對疼痛的知覺異常」。也就是說，某些刺激對一般人來說不覺得疼痛，但患者卻感受到了痛症，身體無法適當地處理這些與疼痛無關的刺激。這樣的症狀，經常伴隨著憂鬱和

焦慮一起出現，秀賢目前也被風濕科診斷為纖維肌痛，正定期服用藥物進行治療。

頭痛亦是相當常見的焦慮症狀。陷入焦慮時，杞人憂天式的思維會愈來愈多，當思慮過度，大腦的血流就會增加，變粗的血管和肌肉也會壓迫到大腦，最終導致頭痛。與焦慮高度相關的緊張型頭痛，是因臉部及頸部肌肉持續收縮和緊張所引起，痛症在頭部後方及頸部格外嚴重。此外，在肌肉過度緊繃時，也可能併發前文提及的纖維肌痛。總的來說，因為內心感到焦慮，使身體處於過度緊張的狀態，所以會引發頭痛的症狀。

面對這種情況，在治療肌肉痛及頭痛的同時，應該一併撫平內心的焦慮和憂鬱。如果長期與焦慮結伴同行，很可能已經習慣了這種狀態，根本不知道自己是否感到焦慮。因此，如果現在的你正為肌肉痛和頭痛所苦，不妨試著了解一下自己的心理狀態。

疲倦與
疲勞感

- 與慢性肌肉疼痛相伴而來，秀賢一直無法擺脫的還有疲勞感，他已經想不起來自己什麼時候有過精神奕奕的狀態了。秀賢總是感到既疲勞又倦怠，肌肉疼痛有時會惡化，有時可以獲得緩解，但疲勞感卻總是如影隨形。因為健康問題，他曾經辭掉工作休息了幾個月，可是疲勞感不過是暫時好轉，很快又再次襲來。因為休息的這段期間，秀賢每天都在苦惱之後該找什麼樣的工作。不論是上班還是休息，他只要一想到未來就陷入焦慮。

因焦慮而引起的身體症狀經常同時出現，在無時無刻都感到緊張的情況下，身體自然會變得疲憊不堪。患有焦慮症的人，通常會在不需要消耗能量的情況下窮緊張，導致自己精疲力竭。若以汽車來比喻，一般人在靜止時，會將車子熄火，藉此來儲備、節省能量；反之，**焦慮症患者就算處於停駐狀態，也會持續消耗能量讓車子空轉。因此，焦慮的人會更快把燃料耗盡，汽車的壽命也會相對縮短。**

為焦慮所苦的人，即使休假一段時間後再回歸，也只會暫時性地好轉，累積的疲勞感不會輕易消除。**因為他們的身體雖然在休息，但心卻一直朝著某處奔跑**。慢性疲勞被公認是現代人的一種疾病，不過我們總是把它看得太輕，覺得「哪有上班族不累的」。也許現在的你還未曾察覺，但疲勞感已經悄悄在身心中堆疊，倘若我們不懂得處理內心潛在的焦慮，健康很可能會突然亮起紅燈。

憂慮
接二連三地襲來，
感到頭昏腦脹

過度的憂慮和
游離性焦慮

- 侑琳從小就是偏焦慮的個性類型，就讀幼兒園時，她比同齡的孩子經歷了更嚴重的分離焦慮；上小學時，只要看到電視新聞裡報導的社會事件，她就會隨之陷入不安。侑琳經常被他人形容為「杞人憂天」，在豔陽高照的日子裡，她會擔心突然下雨而隨身攜帶雨傘；走在騎樓下時，則不斷想著「會不會有什麼東西掉下來砸到我的頭」，腦中經常浮現不安與焦慮。面對各種不同的情境，她總是有數不盡的擔憂與煩擾。

人生中有各式各樣的憂慮：害怕打碎杯子被父母罵、擔心考試考不好、朋友不喜歡我，或是我喜歡的人對我沒興趣等；長大後，則漸漸擔憂找不到工作、會不會被解僱，煩惱無止無盡。只要一想到不確定的未來，內心就會充滿擔憂。結婚後，我們會開始擔心子女和健康，忙著提早擬定退休計劃，對老年生活感到憂慮。其實，不只是天生就帶有焦慮氣質的侑琳，我們每個人都會為這些問題感到憂心。也就是說，在內心感到負擔的情況下，無論是誰，憂慮的思緒都會大幅增加。

憂慮通常會在具有壓力的情況下產生，然後隨著時間過去，漸漸變得麻木與無感。然而，因焦慮所引起的擔憂，不僅會超越實際應該擔心的情況，還會不斷地蔓延擴大。平時不太感到焦慮的人，在超過壓力臨界值的情形下，也會接二連三地陷入擔憂，變得非常不安。假如焦慮的情緒過度蔓延，影響到日常生活，即可判斷為廣泛性焦慮症。這種焦慮症的特徵在於游離性焦慮（Free-floating anxiety），也就是焦慮感如同飄浮的雲朵般四處移轉，接連不斷地擴張，衍生出更多、更深的煩惱。

焦慮的另一個特徵是沒有明確的對象，這也是恐懼與焦慮最大的區別所在。恐懼的產生通常來自於某個特定對象，例如看到蛇就會感到害怕，爬到高處時就會心生畏懼。反之，**焦慮的情緒源於預測，也就是未來可能碰到的某種威脅。亦即，雖然現在找不到特定對象，但內心感覺到了威脅。**恐懼起因於特定的對象或情況，所以只要迴避就可以解決；但焦慮因為沒有明確的內容，所以很難逃跑或應對。前文所提到的過度憂慮，便與焦慮息息相關。

對未來抱持無謂的擔心稱為「杞人憂天」，這句成語的出處，來自於古代杞國有個人總是憂慮不安，擔心「天塌下來的話該往哪裡躲」。我們每天在生活中都會有各種瑣碎的擔憂，但如果處於杞人憂天的狀態，對各種事物的憂慮無止境地蔓延，很可能就是一種嚴重的焦慮。現在，不妨暫時停下腳步，回顧一下自己的憂慮是否過度或無法調節，杞人憂天的情形有沒有比平常更多？或者自己是不是至今為止都沒有察覺到內心的不安？不管處於何種狀態，都讓我們一起撫平心中的焦慮吧。

注意力不集中、
心不在焉等認知障礙

- 隨著新冠疫情長期化，大學三年級的政勳覺得自己的焦慮感愈來愈嚴重，每天看著確診人數攀升，自己不知道什麼時候也會被傳染。從幾個月前開始，政勳每天做的第一件事就是查看確診人數，然後睡前也不忘繼續搜尋新冠肺炎的症狀。

他的焦慮感之所以如此嚴重，起因於聽到朋友在這波新冠疫情中失去了家人。政勳因為害怕有副作用，所以一直沒有接種疫苗，聽說未接種疫苗的人感染新冠病毒後，很可能會成為重症患者，於是心中的不安日漸上升。無論是確診或接種疫苗，各方面都讓他十分焦慮。後來，政勳經常擔心自己的健康狀況，開始抗拒搭乘交通工具或和朋友見面。

正在準備期末考的政勳，沒有辦法集中注意力好好念書，一整天都覺得頭昏腦脹，書上的內容一個字也讀不進去。馬上就要升大四了，必須掌握好自己的學分，但是他卻無法專注在課業上，內心也因此更加

焦急。最終，政勳在期末考拿到了有史以來最差的成績。

　　專注力下降、心不在焉這樣的認知障礙，既是憂鬱的症狀，也是焦慮時會有的表現。如同感冒和消化不良都會有頭痛的症狀一樣，認知障礙也是憂鬱和焦慮的共同症狀。來自於疫情的焦慮，讓政勳的專注力日漸下降，形成了認知障礙。他終日心不在焉，不僅沒能好好準備期末考，甚至到應考前一天也無法集中精神。這樣的焦慮，逐漸蔓延到考試和未來，最終換來前所未有的低分。

　　此外，政勳還時常忘記不久前經歷的事，像是才剛和父母一起點了晚餐，但馬上就想不起來自己選了什麼餐點，或是明明用手機下單網購，卻一下子就不記得。政勳覺得自己的腦海裡就像有一層灰濛濛的霧籠罩，甚至還忘了最要好的朋友生日。某天，政勳在家睡覺時，忽然接到朋友的電話，他嚇得不知所措，因為他不僅忘記好友的生日，還完全不記得與朋友約好的見面時間與場所。當時的他覺得頭腦就像當機了一樣，完全無法運轉。再這樣下去，政勳很害怕自己會失憶或發瘋。

焦慮時，就會像得了阿茲海默症般，記憶閃閃爍爍，還會出現健忘症，如同政勳一樣，完全不記得稍早前發生的事件或重要日程。假如你在日常生活中也經常有令人驚訝的健忘症狀，不妨檢視一下焦慮的情緒是否正在吞噬自我。**倘若能夠掌握焦慮的樣態，就可以靠自己來加以撫平和緩解。**

渴望追求完美，
強迫性地
控制日常

強迫思維與
強迫行為

- 平時行事俐落、工作踏實的燦旭，在人事異動前被分
  配到一項重要的發表工作。假如這次可以成功完成任
  務，那麼燦旭就有望登上自己想要的位置。為了準
  備報告的內容，燦旭縮短了睡眠時間，甚至還有一餐
  沒一餐，把精力全部投注在工作上。然而，隨著發表
  的日期臨近，心中的焦慮感逐漸高漲，從某一瞬間開
  始，他覺得自己這次如果做不好，很可能會招致嚴重
  的後果。

燦旭不斷懷疑自己準備的內容是否正確，並且再三地確認。但是，就算反覆地確認過，內心的焦慮也沒有絲毫平息。「如果我獲取的資料有誤怎麼辦？」類似的擔憂持續在腦海裡徘徊。雖然理智告訴自己「沒有人不會犯錯，若出現差錯，只要重新彌補就好」，然而內心一旦感到焦慮，雙手就會不聽使喚。。

燦旭一直覺得自己準備的報告漏洞百出，每天都向同事確認內容是否有誤。雖然主管對燦旭的認真表達肯定，希望他安心，但燦旭依舊不停地修改報告內容。因為他覺得不這樣做的話，發表當天一定會出問題。整天埋首於工作的燦旭，完全無暇顧及其他事，甚至連下班回家都覺得惴惴不安。

所謂的強迫，指的是違背個人意願的侵入性思維（Intrusive thought）、衝動或畫面反覆在腦海中出現，令人感到困擾或者不得不據此付諸行動。強迫又分為強迫思維和強迫行為，背離個人意願的想法總是反覆滲透到腦海中，這種情況稱為強迫思維；為了預防或減少由此衍生的焦慮感，而反覆加以實行的行為，就稱為強迫行為。

燦旭反覆認為自己準備的發表內容有誤，而且覺得當天如果犯下失誤，就會招致嚴重的後果，對此感到異常地痛苦。這種情況，就是所謂的「強迫思維」。因為焦慮而不停地修改報告內容，請身邊的同事協助確認，這種狀態可以看作是「強迫行為」。此外，每當焦慮的情緒一湧而上，燦旭就會不停地啃咬指甲和周圍的肉，在撕掉邊緣凸出的倒刺時，他會莫名地感到安心。換句話說，啃咬指甲是燦旭消除焦慮的方式，這種舉動也是一種強迫行為。

「我關瓦斯了嗎？」、「玄關門好像沒關⋯」、「我忘了剛用完電器有沒有把插頭拔掉」，類似這樣的侵入性思維，我們每個人都可能經歷。假如只是偶爾發生一、兩次，通常不會被判定為疾病，而是當狀況變得嚴重，足以影響到日常生活時，才會被視為問題。例如覺得自己出門前好像沒有關瓦斯，於是不停地反覆確認，就可以算是對日常生活造成了影響。

根據美國精神醫學會的診斷基準，如果每天因強迫思維而至少耗費一小時以上的時間，且出現過度的強迫行為，

以致於面臨困境的話，就需要懷疑是否為強迫症。強迫思維的內容相當多樣，除了前文提及的擔心自己有沒有關瓦斯，還有對汙染、病菌或感染等的恐懼、對順序和對稱的擔憂、反覆思考是否有哪裡不對勁、想傷害某人的衝動、與性有關的想法，以及預測自己可能失去重要事物等。

強迫思維會引起焦慮、憂慮、罪惡感等不舒服的情緒，而為了減少這些情緒，人們就會採取強迫行為或進行迴避。假如因為侵入性思維和強迫行為，導致每天都會浪費許多時間，或者對日常生活造成影響，那麼內心潛在的焦慮很可能比想像中還嚴重。強迫的背後隱藏著焦慮，換句話說，因為內心感到不安，所以強迫思維會跟著顯現出來。當我們感到焦慮時，會試圖控制環境、行為和想法，燦旭反覆地確認發表內容是否有誤，就是希望透過控制環境來減少不安的情緒。

人們在屬於自己的領域裡會感到安心，如果藩籬被打破，內心就會失去安全感。因此，人們經常不停地為自己「建造藩籬」，也就是前文提及的「控制」。你是否基於焦慮而持續地建造藩籬呢？又或者是否一直在自己強加的

各種控制中苦苦掙扎？如果正在經歷類似的情況，不妨試著將藩籬拆除。只要能察覺自己的強迫症狀是起因於焦慮，一切就可望獲得解決。

過度的
完美主義

- 熙賢總是獨來獨往，因為認識的人當中沒有一個真正走入他的心裡，所以他也不想進一步建立親密關係。A 做事不夠踏實，令人失望；B 能力不足，惹人厭惡；C 不夠正直，無法信任；D 的話太多，讓人不想靠近；E 經常造成困擾，令人覺得厭煩。環顧四周，淨是些引起反感的對象。不過，熙賢其實也很討厭自己，如果不夠踏實穩重或犯下失誤，他就會開始自我責備，無法忍受自己可能對他人造成傷害。此外，熙賢也覺得應該不會有人喜歡這樣的自己，深信凡事一定要追求完美。

完美主義指的是相信這世上有所謂的「完美」，因此為

自己設下極高的標準。亦即，完美主義並非意味著「實際上完美無缺」，而是一種「篤信自己必須完美」的心態。

完美主義的人渴望將每件事都做到完美，因此，他們對自我和他人都設有嚴格的基準，除了工作和人際關係外，於習慣和道德領域也具有強烈的信念，像是在公共場所必須保持安靜等。在日常生活中，具有完美主義的人，通常能夠取得成就並獲得社會認可，因為他們為了百分百達成任務，做事會務求盡心盡力。而在周圍的人經常給予喜愛和肯定的情況下，他們也會將此視為獎勵，進一步鞏固、強化個人的完美主義。

然而，以完美主義為信念的人，最大的問題就是對失敗的免疫力相當低。對他們而言，一次的失誤或失敗，都會留下極深的創傷，而且不容易痊癒。此外，如果不確定能否做到完美，他們會寧願選擇不要開始，也會一直推遲或放棄應該做的事，因為只要做不到一百分，在他們的眼裡就不算成功。完美主義者渴望獲得稱讚和肯定，但真正得到讚賞時，很多時候他們卻又不願意接受。從某種角度來看，就像是一個無法被填滿的洞。

熙賢在自己的工作領域充分獲得了肯定，不僅能力出色，而且為人踏實、品德高尚。不過，為求精益求精，在各方面都趨於完美，熙賢還是不斷自我鞭策，並且把相同的標準套用在他人身上。看到這裡，各位讀者可能會有個疑問，**高標準和完美主義的區別是什麼呢？答案就是「焦慮的有無」。正如前文所述，完美主義的基礎是焦慮，也就是擔心自己如果做不到一百分，就會得到負面評價，或者招致嚴重的後果。**

　　試著以 A、B 兩人為例，A 認為「搭乘大眾交通時不得喧譁吵鬧」，而 B 則未有類似的想法。在這兩個人之中，誰搭乘交通工具時更容易生氣呢？答案肯定是 A。A 只要在公車上看到有人大聲講電話，或者在地鐵車廂裡遇見大吵大鬧的孩子，就很可能會發脾氣。相反的，B 就算位於嘈雜的大眾交通工具上，也不太會大發雷霆。那麼，這兩個人在使用大眾交通時，誰會更加焦慮和敏感呢？這個問題的答案一樣是 A。在公車上接到重要的電話時，A 會因為無法清晰、明確地通話而感到焦慮，也很可能害怕孩子在車上喧譁，而不敢帶著他們一起搭地鐵。

就像這樣，A 之所以感到生氣與不安，不是因為公車或地鐵上有人吵鬧，而是因為內心有既定的規則與紀律。例如「事情必須處理得完美」、「不能發生失誤」、「不能對他人造成傷害」、「在公共場所要安靜」、「不可以說謊」、「不管發生什麼事，都必須遵守約定」等，這些「必須做什麼」或「不能做什麼」的規則與紀律，讓我們在社會上變得更為成熟。然而，把這種規則看得太重的人，會相對容易陷入焦慮與憤怒，因為要遵守的紀律太多，他們擔心自己無法做到完美，並且對於做不到的自己感到生氣。完美主義者的心中有許多規條要遵守，因為他們渴望變得更加成熟穩重，希望在各領域都成為優秀的人，所以為自己立下許多規定。

　　當然，也有所謂實用取向的完美主義者。但是，如果焦慮造成了完美主義，而完美主義又加重了焦慮，這種反實用型的完美主義，真的是最好的選擇嗎？世上從來就不存在完美，我們都知道這個事實，但又僅止於理性上的認知。現在的你，也因為完美主義而殫精竭慮嗎？是否每天都因無數的紀律而感到疲憊和焦慮？**與其一味地渴求完**

美，不如試著追尋自我的完整。而所謂的「完整」，首要之務就是「承認完美的狀態根本不存在」。

極度在意他人視線，
陷入快要窒息的
恐慌狀態

社交焦慮與
反芻思維

- 仁裕是剛進公司的新員工，經過疫情期間漫長的待
  業，好不容易才找到了工作。雖然先前接二連三的未
  錄取通知讓他自信心大減，但他還是覺得社會生活應
  該會很愉快，至少不必一直修改履歷或準備面試。不
  料，前方等著他的，卻是一道前所未有的難關。仁裕
  只要在公司裡遇到同事，內心就會無比地緊張，感覺
  全公司的人都盯著自己看。不管是打招呼還是交談，

坐在位置上或是去上廁所，好像隨時都避不開眾人的視線。

有一天，仁裕因為太緊張，在回答前輩的提問時說錯了話。事後回想起來，他也不知道自己為什麼那樣回話，對此感到惶恐不安，當下仁裕發現前輩的眼神有了變化，所以在那之後，他就變得極度焦慮。在公司時，仁裕會持續對他人察言觀色；下班之後，則不斷回想自己今天有沒有犯錯，在言行中尋找瑕疵。他開始愈來愈害怕去上班，因為他深信自己的失誤遲早會在公司傳開，最後所有同事都會討厭自己。各種想法和揣測接二連三地襲來，好不容易找到工作的仁裕，甚至還產生辭職的念頭。

仁裕經歷的症狀為「社交焦慮」。所謂的「社交焦慮」，指的是在他人對自己投以關注，進行觀察和評價時，內心感到緊張、不安與恐懼，同時害怕他人對自己抱有負面觀感或者心存厭惡。具有嚴重社交焦慮的人，在社交場合裡會變得過度緊張和敏感，最終選擇迴避社交活動。

在準備就業的期間，仁裕因為一直未能錄取而逐漸變得畏縮，直到進了公司後，仍相當在意同事們的目光。身為新進員工，他覺得自己會被所有人觀察，所以總是過得戰戰兢兢，連同事向自己打招呼也會感到負擔。過度的緊張感讓他在前輩面前發生失言的窘況，導致社交焦慮更為惡化，一連串的揣測與想像，最終促成了辭職的想法。一般人如果產生焦慮，也會對社會的視線和評價變得敏感，覺得自己的言行可能受到指責，然後進一步認定他人不喜歡自己。

不過，**具有社交焦慮的人，通常會有事後反芻的傾向，也就是對自己的話語和行動反覆進行否定性的思考，然後對自我抱持更消極的態度**。案例中的仁裕，同樣出現了反芻思考的行為。下班回家後，他會把整天發生的事重新回顧一遍，檢討自己是否犯下失誤，對此備感後悔、不安與擔憂。陷入社交焦慮的人經常會如此形容：

「感覺人們都在盯著我，對我投以關注的眼神」

「人們的視線就像長槍般飛來，深深地刺在我的心上」

「大家看著我的臉，似乎覺得我長得很醜」

「他用奇怪的眼神看著我，好像要對我說些不中聽的話」

解釋焦慮者注意力處理過程的「警覺逃避假說」，指出具有社交焦慮的人，傾向於過度、快速地探索他人的表情、語氣和聲音等社交線索，然後表現出高度的警戒。因此，他們的焦慮情緒會持續上升，最終促成迴避社交場合的行為模式。

具有社交焦慮的人，經常出現認知扭曲的症狀，像是對危險和威脅過度或錯誤警覺，也會發生歸因謬誤的情形。例如偶然和某人對到眼時，患有社交焦慮的人會認為是對方密切關注著自己，所以才會產生目光的接觸；或者在公司看到兩個人交頭接耳的模樣，就會誤會對方是在講自己的壞話，甚至連笑容都看起來像是嘲笑。這種認知扭曲來自於焦慮，也就是因為嚴重的不安，以致於將危險或威脅看得過於嚴重，有時還會做出錯誤的解讀。

處於焦慮狀態的人，很多時候會將過去的經驗與記憶，套用在即將發生的事件上，進而產生威脅性的認知。其實，仁裕過去也曾經在同儕中被排擠和孤立。國中二年級時，他與親近的好友們發生了一點誤會，最後卻在團體中被冷落。當時，仁裕不僅成了朋友圈裡的笑柄，也是全班嘲弄的對象。因此，仁裕在進公司後，隨著社交焦慮的增加，將過去的經驗和記憶套用到了現下的情況。過去朋友們的眼神、表情和竊竊私語，與現在的同事們相互重疊，他的感覺比實際情況更具有威脅性。

仁裕很想和公司的同事們融洽相處，也想被認可為工作能力優秀的好人。然而，過去的恐懼影響到了現在的人際關係，讓他的焦慮感大幅增加。現在的你，是否比過去更加在意他人的視線，或者擔心受到負面評價呢？希望各位也能時常觀察一下內心，確認自己是否正處於焦慮狀態。

恐慌發作與
診斷基準

- 碩賢幾天前去了一趟急診室，因為他碰到生活中前所未有的強烈恐懼。明明覺得身體出現了問題，但做完各種檢查後，醫生卻表示沒有異常，只是建議他去精神科掛號看看。碩賢因為對精神科感到排斥，所以選擇了先到諮商所接受面談。

「我像平常一樣搭公車回家，但是在車子裡突然開始冒冷汗，胸口發悶且心跳加速。無論我怎麼努力，也難以恢復平穩的呼吸，一陣頭暈目眩，感覺就像要死掉了一樣。我真的差點死掉了！」來到諮商所的碩賢如此陳述。

各位曾有過恐慌發作（Panic attack）的經驗嗎？回答「是」的人，很可能真的有過相同的經歷；反之，回答「不太清楚」的人，大概也真的沒經歷過恐慌的症狀。因為恐慌發作時，會帶來強烈的焦慮和恐懼，假如曾碰過類似的情況，自己絕對不可能沒印象。

恐慌發作的診斷基準如下：突然產生劇烈的恐懼及痛苦，在幾分鐘內達到頂點，並具有下列十三種生理和認知症狀中四種以上的症狀。十三種症狀分別為心跳加速、冒汗、身體發抖、呼吸急促或阻塞、窒息感、胸口不適、噁心、頭暈或昏沉、冷顫或熱潮紅、感覺異常、失去現實感、害怕失去控制或即將發狂、瀕死的恐懼。這些症狀會在短時間內一湧而上，如果經歷過恐慌發作的人，就不可能沒有自覺。

然而，恐慌發作本身只是一種焦慮的表現，並非精神上的疾病，因為這是每個人都有可能經歷的症狀。即使是健康的人，一生中也有約 30% 的機率經歷恐慌發作。我讀大學的時候，也曾經在聽講時突然恐慌發作，由於不曉得是什麼原因，所以還前往醫院接受了各種檢查，最後沒有發現任何異常。至今為止，我沒有再發生類似的症狀。如果恐慌發作反覆出現超過一個月，且引起持續性憂慮等適應不良的變化，導致日常生活受限，就會被診斷為恐慌症（Panic disorder）。

假如在前述的十三種症狀中，出現的症狀少於四種，

或者恐懼與痛苦的程度相對輕微，則稱為有限症狀的恐慌（Mini-attacks）。換句話說，就是未達到極度恐懼和痛苦的程度，但經歷了一些輕微的身體症狀。例如在沒有特殊原因的情況下，反覆出現心跳加速、胸悶、呼吸急促、噁心、冒汗等症狀，雖然沒有瀕死的恐懼感，但這種輕症反覆的狀態，也位於恐慌的光譜之中。也就是說，如果未能好好調節壓力，可能會導致更嚴重的恐慌發作。

一般來說，經歷過恐慌發作的人，都會因極度的恐懼而前往急診室，或者在網路上搜尋相關症狀，進而察覺到自身狀態。身體上的症狀，經常會讓當事人在心臟內科、胸腔科等科別遊走，最後實在找不出原因，才被轉往精神科就診。身體出現症狀，但沒有發現任何異常，即代表問題可能來自於心理。恐慌是因自律神經系統失衡所引起，自律神經系統分為交感神經系統和副交感神經系統，兩者互相制衡，用以維持身體的平衡。當遇到危險時，我們的交感神經系統就會啟動。

想像一下，假如我們面前突然出現一隻大老虎，這時，我們會心跳加速，呼吸也跟著變窘迫。在交感神經活躍的

狀態下，呼吸會變得急促、狂冒冷汗，然後感覺到瀕死的恐懼。反之，當我們坐在沙發上自在地休息時，副交感神經系統就會啟動，讓心跳數降下來，身體也會隨之放鬆。然而，如果恐慌發作反覆地出現，交感神經系統就會處於過度活躍的狀態。也就是說，雖然現實中根本沒有看到老虎，但大腦的運作卻像老虎出現在眼前一樣。即使在舒適的狀態下，身體也會不斷發出面臨危險的緊急信號，最終讓人陷入極端的恐懼裡。

前面我們已經探討過恐慌在生理方面的症狀，接下來就討論的是心理部分。我經常對因恐慌所苦的患者這麼說：

「恐慌是心靈超載後，表現在身體上的症狀」，所謂的「超載」，就是超過一定的範圍，以致於再也無法承受。換言之，當實際的心理負擔過大，無法再堅持下去時，若自己還沒察覺到心靈的狀態，身體就會以恐慌來發出警告：「請注意，現在已到達臨界點了，若再不減少壓力，後果將會非常嚴重！」假如在沒有特殊原因的情況下，身體方面持續出現症狀，或者感到強烈的焦慮，請試著緩緩

回顧自己的心。**因為能夠準確掌握臨界值的人，就只有你自己而已。**

Chapter6

撫平焦慮的
方法

實用的
四大心靈鍛鍊法

可立即
嘗試的
減緩焦慮法

　　人們經常將焦慮理解為性格特質，未將其看作嚴重的問題，所以總是選擇置之不理，直到焦慮逐漸瀕臨失控，才會前往醫院或諮商所求助。但哪怕是現在，只要能察覺自身的焦慮並加以管理，就完全有可能康復。焦慮是一種「把心投放在尚未發生的未來，以致於不斷擔憂、試圖控制的狀態」，若想從焦慮中擺脫，就必須讓心專注於當下。在這一章節，將介紹能夠有效管理焦慮的心靈鍛鍊法，也是我實際在諮商室中，與深受焦慮所苦的來談者分享過的良方。

焦慮時，交感神經系統會過度活躍，導致心跳加速或呼吸困難，並且產生恐懼感。因此，首先我要介紹的方法，就是降低覺醒和緊張程度，讓身體得以放鬆的訓練。其次，透過正念和冥想，將思緒集中於當下，藉由呼吸和肌肉放鬆來緩解焦慮。換言之，就是意識到自己生活的時空是「現在」，接下來，我將進一步介紹如何切斷接二連三湧入腦海裡的焦慮，修正誇大事件嚴重性及發生機率的思維謬誤，有助於平息內心的焦慮。此外，當某些思緒總是侵入性地竄進腦海裡時，與其強行抑制或管控，不如順其自然地放任。透過這四種心靈鍛鍊法，可以把內心的焦點拉回現在，而不是苦苦糾結於未來。

　　事實上，這些方法不僅有助於緩解焦慮，也能夠減輕憂鬱指數。希望各位讀者盡量根據自己的狀態和情況，全部試著做一遍。以下，就讓我們探討具體的實踐方法。

專注於
當下的正念、
覺察與冥想

　　正念（Mindfulness）是一個心理學概念，源自佛教的修行傳統，意思是「以接納的態度覺知當下」，也是認知行為治療的最新趨勢「接納與承諾療法」（Acceptance and commitment therapy）的核心概念，目的在於增進心理接受度與韌性。其實，正念與覺察是同時適用於憂鬱和焦慮的方法，但在此章節裡，將著重於對焦慮有顯著效果的案例。接下來，就讓我們先探討一下正念與覺察的概念。

　　學者們對正念的定義各不相同。以正念為基礎經營減壓

診所的喬‧卡巴金（Jon Kabat-Zinn）教授，將正念定義為不帶評判性的專注於當下；而研究正念與冥想的馬萊特（Marlatt）和克里斯特勒（Kristeller），則將其解釋為對每一瞬間的充分投入。此外，被稱為「正念之母」的蘭格（Langer），將其定義為對新資訊抱持開放態度，感知事物的過程不受單一觀點的束縛。而研究以正念緩解壓力的馬丁（Martin），則將其描述為一種心理自由的狀態，在不執著於特定觀點，注意力得以集中且靈活時形成。若統整各家定義的共同點，**正念可以說是「以接納的態度去意識當下」**。

　　各位讀者看到這裡，是不是開始困惑「這到底什麼意思？」這是非常普遍的反應，我也是聽了很多遍、學了好幾次，才漸漸對正念有所了解。對當下的體驗不做任何判斷，原原本本地接納，這到底是什麼意思呢？**所謂的「正念」，其實就像仰望天空一般，以不帶任何評判的方式觀察自己的內心和想法**。例如不論好或壞，就只是覺得「天空蔚藍」，然後仔細地加以觀察。還是不太明白嗎？讓我再進一步舉例說明。

透過正念與
覺察活在當下

　　練習正念之前，首先必須具備「覺察」這個概念。所謂「覺察」，指的是「不防衛或迴避生活當下發生的重要情事，原原本本地加以感知和體驗」。也就是「原來我身上正發生這樣的事」、「原來我有這樣的感受」，**體驗並意識到當下的一切。唯有將覺察的基礎打好，才能進一步展開正念的練習。**

　　舉例來說，假如各位讀者現在手上拿著書，內文是用細小的字體印刷在白色的紙上。這時，把注意力放在「紙張是白色的，字體很小」等感覺與現況上，就是所謂的覺察。那麼，如果有人表示「紙張太白了，眼睛很痛」、「字體太小，讀起來不方便」，對當下的經驗加以判斷呢？前文曾經提過，正念是不帶批判地接納當下。**因此，我們要做的是把焦點放在事實**，亦即「紙張是白色的，字體很小」，而非紙張太白、字體太小，所以「感覺如何」。

　　換句話說，發現字體很小是覺察，而刻意將注意力集中

在覺察之上的過程，就是所謂的正念。廣義來說，覺察是包含在正念裡的技巧，因此唯有先把覺察做好，才能進一步展開正念。**且更重要的是，我們不僅要覺察肉眼可見的風景、聲音等外部狀態，還要覺察自己的想法、情緒、身體感受等內部狀態。**例如「我現在很焦慮」、「我的身體在發抖」，必須如實地覺知並體驗當下發生的一切。覺察的方式無所謂對錯，因為目的不在於修正或判斷某項經驗，所以只要覺察到自己當下的狀況即可。

只要專注於當下，
就能區分出現實與假象

「自動導航」是與正念相反的概念，意指不自覺地進入擔憂、計畫、空想等認知過程。例如駕駛在熟悉的道路上或我們日常盥洗刷牙等行動，屬於「無意識的行為」，也就是某項行動因為不斷反覆而養成了習慣，所以能在無意識中順利進行。自動導航在我們的日常生活中相當實用，但有時也會做出不恰當的反應。因為在與過去相似的情境

中，我們會不知不覺地做出和以前類似的反應，而這些就形成了固定的行為模式。讓我們來看看浩妍的例子。

浩妍從小就目睹了父母從吵架到離婚的過程，年幼的她每次看到父母大聲爭執，內心就會感到不安與焦慮，害怕自己被拋棄。長大成人後，浩妍在談戀愛時也產生了類似的情感。只要男友未即時聯繫，她就會被焦慮的情緒籠罩，彷彿自己被拋棄了一樣；若發生不開心的事，她也害怕兩人的關係會走向終點，所以總是單方面隱忍。在聯絡不到男友時，浩妍會陷入嚴重的焦慮與不安之中，所以最後她選擇到諮商所求助。

假如浩妍不事先進行判斷，專注在當下的話會怎麼樣呢？「現在聯繫不上」、「原來我擔心自己被拋棄」，這種時候，如果能覺察現狀和心情，就能分辨出哪些是自己虛構出來的情節，哪些是自己親身經歷的實際情況。現在浩妍碰到的實際情況，是戀人的回覆有點晚，導致她一直盯著手機看，而不是真的被戀人拋棄。擔心分手的不安心情，只是因為過去目睹父母吵架的場面，在情境雷同的情況下，大腦自動做出了反應。只要再次與戀人碰面，焦慮

的情緒就會煙消雲散。

倘若能夠擺脫自動導航的狀態，把正念做好，就會發現自己當下經歷的痛苦只是假象，實際上並不存在。此外，也可以阻止自己對往事鑽牛角尖，或者認為「同樣的事一定會再發生」等因憑空揣測所產生的焦慮。浩妍透過正念與覺察，學會區分現實與假象，藉此大幅地減少了不安。

訓練覺察與正念最好的方式就是冥想。現在如果馬上安靜地坐下，專注於自己的呼吸和思緒，腦海中會浮現出許多想法──這是從當下感受、好壞等判斷、假象、過往經驗等所生成的自動導航。假如能夠摒除雜念，把注意力集中在當下的感覺，紛亂的心情就會漸漸平靜下來，變得愈來愈純粹。甚至還會發現，原來此時此刻並沒有想像中那麼糟。

緩解緊張、
調整呼吸的
放鬆訓練

　　放鬆訓練能有效減少焦慮，是認知治療經常使用的方法，適合與前述的冥想一起進行。放鬆過度覺醒的身體，對降低焦慮有很大的幫助，而放鬆訓練的基本就在於呼吸，大家或許都聽過「腹式呼吸法」。

　　所謂的「腹式呼吸」，指的是吸氣和吐氣時不僅使用鼻子和嘴巴，還會運用到橫膈膜，藉此深層、緩慢地吸吐。腹式呼吸可以強化副交感神經系統，進而穩定血壓和心跳，降低身體的緊張程度。

第一步：
呼吸訓練

　　首先是呼吸訓練。用鼻子吸氣時，腹部會膨脹；用嘴巴吐氣時，腹部會內縮，必須盡量地深呼吸。

　　吸氣時，在心中默數「一」；吐氣時，默默地在心裡告訴自己「放輕鬆」。呼吸訓練每天要進行兩次，每次十分鐘以上，才能讓身體熟悉且適應。訓練的順序如下：

1. 請在安靜、舒適的場所進行呼吸訓練。
2. 胸部保持不動，利用腹部呼吸，也就是所謂的腹式呼吸。這時，請將一手放在胸前，另一手放在腹部。
3. 透過鼻子吸氣時，請在心中默數「一」；吐氣時，則告訴自己「放輕鬆」。數到十之後，再從十倒數回一。
4. 把注意力集中在自己的呼吸和報數上。
5. 輕柔地吸氣和吐氣，保持正常的呼吸次數和深度。

第二步：
漸進式肌肉放鬆法

　　漸進式肌肉放鬆法是由生理學家埃德蒙‧雅各布森（Edmund Jacobson）所開發，是一種讓身體的肌肉先緊張再放鬆的訓練。這個方法的原理，來自於焦慮高漲時，肌肉也會跟著緊張；而當緊張的肌肉放鬆時，焦慮就會隨之消退。

　　在進行漸進式肌肉放鬆法時，請選擇一個安靜且舒適的場所，先讓身體處於放鬆狀態後，將肌肉分為十六個區塊逐一練習。假如花費的時間過長，也可以分成八個肌肉群練習。首先，暫時憋住呼吸，盡量使肌肉繃緊約十秒左右，然後記住這種緊繃的感覺。接下來，讓繃緊的肌肉慢慢放鬆，持續大約二十秒。這時，在心裡告訴自己「放輕鬆」，牢牢記住肌肉緊繃和放鬆這兩種相反的感覺，然後依序訓練各個肌肉群。練習時，建議讓肌肉達到最緊繃的狀態，接著再開始放鬆。就像鐘擺運動一樣，這一側擺盪得愈高，另一側反彈的力道也會愈大，身體愈是緊繃，就愈能獲得深層的放鬆。漸進式肌肉放鬆法同樣建議每天練

習兩次，肌肉群的分類及實踐步驟如下：

16 大肌肉群	8 大肌肉群
1～2. 手肘下方（右邊、左邊） 3～4. 手肘上方（右邊、左邊） 5～6. 膝蓋以下（右邊、左邊） 7～8. 膝蓋以上（大腿）（右邊、左邊） 9. 腹部 10. 胸部周圍 11. 肩膀 12. 頸部 13. 嘴巴、下巴、喉嚨 14. 眼睛 15. 額頭下方 16. 額頭上方	1. 手臂肌肉整體 2. 腿部肌肉整體 3. 腹部 4. 胸部 5. 肩膀 6. 頸部 7. 眼睛 8. 額頭

1. 請在安靜的地方利用舒適的椅子或床鋪。

2. 鬆開緊身的衣服，放鬆手臂和腿部。

3. 用力繃緊肌肉十秒，然後放鬆二十秒。

4. 在練習的同時，專注於肌肉緊繃和放鬆的感覺。

5. 完成十六組的肌肉訓練後，從一數到五，讓身體達到深度的鬆弛。緩緩進行兩分鐘的腹式呼吸，每次吐氣時告訴自己「放輕鬆」，然後再從五倒數至一。

6. 每天練習兩次，持續一週。

7. 持續記錄自己的練習情況。

顧名思義，放鬆訓練是一種練習，因此必須反覆進行，讓身體熟悉放鬆的感覺。換言之，放鬆訓練不是只在焦慮時才做，而是平常就要多加練習，如此一來，才能在焦慮一湧而上的瞬間導出放鬆的狀態。在受到焦慮的強烈侵襲時，不僅心跳會加速，肌肉也會變得緊繃，很難讓自己放鬆下來。因此，**希望你能在平時沒有壓力的狀態下加以訓練，將放鬆法融入自己的身體裡。假如能將緊張和放鬆的反覆結合在一起，那麼即使焦慮來襲，也能引導自己進入放鬆的狀態。**

切斷
杞人憂天的
想法

　　處於焦慮狀態的人，最大的特徵就是會不斷地產生擔憂，即使沒有讓自己不安或恐懼的特定對象，腦海中也會接二連三地浮現憂慮的想法，導致身心都處於緊張狀態。其實，這種擔憂隨時隨地都有可能發生，亦即每個人都會為緊繃和不快的狀況感到擔心與焦慮。然而，誇大性的思維模式，就是焦慮最典型的症狀。首先，我們要探討的焦慮思維就是「過分高估」。

過分高估 &
分析發生的機率

　　過分高估指的是誇大某些事件發生的可能性，也就是不會根據統計事實和理性思維去思考，經常受到情緒、盲目的預感、小說或電影情節等影響。例如「我一直覺得頭痛，好像是腦部長了腫瘤」、「沒有人想和我親近」等想法，就是過分高估的例子。雖然這些事件不是完全沒有發生的可能，但也不是實際存在的情況，當事者卻在腦海裡誇大了事件發生的機率。此外，出現過分高估謬誤的人，還會把無關的事件連起來思考，像是認為自己搭飛機的話，發生空難的機率就會變高。事實上，我搭不搭飛機和空難絲毫沒有關聯。

　　如果因為過分高估而感到焦慮，不妨深入探究一下事件實際發生的可能性。例如每次頭痛都懷疑自己是不是腦腫瘤，那麼就分析看看腦腫瘤實際發生的可能性，可以搜尋發病率等相關資料，或是直接到醫院接受檢查。此外，計算一下腦腫瘤發生的機率，也會對減緩焦慮有所幫助。如此一來，便會發現僅憑頭痛就聯想到腦腫瘤，其實是一種

過分高估的思維謬誤。

另外，如果有人覺得自己只要搭飛機就很可能發生意外，那麼不妨實際觀察搭機時有沒有真的出現事故。試著回顧一下，自己和身邊的朋友在搭機時有沒有碰到意外，或者搜尋看看飛機失事的機率，也就是找出自己過分高估「意外發生率」的證據。事實上，只要試著分析事情發生的可能性或機率，具有過分高估思維的人也會意識到自己思考方式的偏差。每當焦慮的想法一湧而上時，如果能試著檢視自己是否具有過分高估的謬誤，就可以調整個人的思緒。

災難化思考&
去災難化的方法

另一種引發焦慮的思維是「災難化」，亦即相信某件事為災難性事件，但實際上並非如此。換句話說，當事者悲觀地高了事件可能造成的後果，且認為事件發生時情況將非常嚴重，自己什麼也做不了。

假如過分高估是誇大事件的「可能性」，那麼災難化就是誇大事件的「嚴重性」。例如「我如果不能準時到達約定場所，朋友就會討厭我然後和我絕交」、「如果在飛機上恐慌發作，就真的束手無策，說不定會死掉」、「報告的時候犯錯真的是太可怕了，我如果失誤的話肯定會瘋掉」等，將某件事的結果以災難畫下句點。災難化思考的過程如下：

「擔心在重要的發表中失誤，所以覺得很焦慮。焦慮的話臉會變紅，聲音也會顫抖，那麼，呼吸就會變得急促且不順，也更容易犯錯。這樣的話，同事們就會用異樣的眼神看我，也會在公司裡傳開，認為我是瘋子或者某個地方有殘疾。最後，我可能會受不了眾人的目光而辭職。啊，會不會是公司先把我踢出去呢？那麼以後我可以順利換到其他公司嗎？如果人資打電話照會前公司，我可能就會受到影響，然後沒有地方會錄取我吧。這樣一來我就賺不到錢，徹底成為一個失敗者了。長此以往，我也產生自殺的念頭怎麼辦…」

上述的災難化思考，一開始是對失誤的輕微焦慮，接著

像滾雪球般瞬間愈滾愈大，最後甚至衍生出「失敗者」和「自殺」之類的想法。患有恐慌症的人，特別容易產生類似的思維。

對於經常產生災難化思考的人來說，練習「去災難化」會有很大的幫助。假如災難化是誇大事件的嚴重性，那麼去災難化就是從這種思維裡擺脫。簡單來說，就是意識到自己足以對抗負面情況，扭轉偏頗的觀點，讓自己的思考方式維持中立。亦即重新審視事件的嚴重性，確認是否真的有可能構成災難。**去災難化並非勉強自己往好處想，而是訓練自己以正確的觀點看待事實。**

前文提到對失誤產生災難化思考，「在重要的發表上失誤的話，人們就會認為我瘋了，最終我會淪為失敗者，甚至萌生自殺的念頭」，讓我們試著對這樣的思考模式進行去災難化，舉例如下：

「如果因為擔心失誤而臉紅、聲音顫抖，人們真的會覺得我很奇怪嗎？那個瞬間或許真的會覺得羞恥或痛苦吧，但對我又有什麼影響呢？我只是在發表的那一個小時裡

感到焦慮，然後就能重新恢復穩定，同事應該會覺得我是因為緊張才發抖的吧。目睹該場面的人，真的會認為我瘋了或有殘疾嗎？假如有人那樣想，才是真的奇怪吧。就算我因為失誤而被認定為怪人，公司會用這個理由把我趕出去嗎？這種情況有可能發生嗎？實際上我可以怎麼應對？針對不當解雇，應該可以尋求勞工局的協助。因為發表失誤，就進不了其他公司，淪為人生的失敗者，這其實是一種災難化思考。即使因害怕犯錯而感到焦慮，引起了更大的過失，到頭來也沒什麼大不了，對我不會有任何致命影響」。

透過去災難化，我們可以正確看待現在的焦慮狀況，如果還是難以擺脫災難化思考，也可以順著焦慮的思緒走下去看看。在前述的例子裡，對失誤的不安一直延伸到了自殺的想法，那麼，在焦慮思維的最後，請問問自己：「所以我最害怕的結果是什麼？在這種情況下，可能發生什麼最糟的情況？」接著，你將會明白，發表失誤這種瑣碎的小事，和自殺根本毫無關聯，然後得以回歸到更客觀、理性的思維。**沿著焦慮的盡頭繼續往前走，往往會發現很難**

找到焦慮的實際形體。現在的你，是否也因虛無縹緲的焦慮而浪費了許多精力呢？

放下
抗拒的念頭

　　我想請各位做一件事，從現在起，看書時千萬不要去想「紅玫瑰」。在盡力避免思考的同時，如果紅玫瑰依舊不自覺地浮現，那麼請在心裡默數想到了幾次。

　　我們極力抗拒的想法，如果不斷地滲透到腦海裡，就會覺得異常地痛苦。不管怎麼避免去想，相同的思緒總是縈繞不去。倘若我們能自由控制自己要想什麼或不想什麼，那該有多好呢？可惜我們並沒有這樣的能力，想法只會自動地浮現在腦海裡。

好，剛才請大家做的「不要去想紅玫瑰」，到目前為止有沒有成功呢？還是中途仍不由自主地想到？接下來，讓我們來談談「矛盾反彈理論」（Ironic process theory）。

試圖壓抑思緒，
反而愈難以忘記

1987 年，哈佛大學的教授丹尼爾・默頓・韋格納（Daniel Merton Wegner）曾做過一項實驗：先讓受試者自由交談五分鐘，然後將其分為 A、B 兩組。接著，他要求 A 組不要去想白熊，然後再自由交談五分鐘。假如在對話的過程中想起或聊到白熊，就敲響擺放在面前的鐘。而 B 組則與 A 組相反，韋格納告訴受試者們，對話的過程可以想起或聊到白熊，接著請他們自由交談。同樣的，只要一想到或提起白熊，就把面前的鐘敲響。

猜猜看，哪一組更頻繁地想起白熊，更常提到「白熊」這個詞呢？答案是 A 組。被要求不要去想白熊的 A 組，

比 B 組更常想起並提及白熊，這就是「矛盾反彈理論」的效果，說明「愈是努力不去想，反而愈容易想起來」。

各位的情況如何呢？先前我請你不要去想紅玫瑰，你真的就比較不去想紅玫瑰了嗎？結果恐怕完全相反。強行控制或壓抑某種思緒，反而會讓它更頻繁、更強烈地浮現。努力不去想，反而會讓人加倍集中注意力，帶來強化思想的反效果，和反彈是一樣的道理。

在接下來的實驗裡，韋格納請受試者們每當想起白熊時，就去想一下紅色的福斯汽車。這麼做之後，雖然受試者的腦海裡仍然有白熊的存在，但想起的頻率卻有所減少。就像這樣，迂迴地去思考某特定替代方案的行為，被稱為「焦點轉移」。根據實驗結果指出，焦點轉移在想起與白熊無關的刺激時能發揮效果。換句話說，與其消除或壓抑思緒，喚醒其他方面的注意力會更加有效。

「下班後絕對不要想公事！」、「今天絕對不要暴飲暴食」、「不要再想剛才犯的錯了」、「到底什麼時候才能睡著」、「如果我傷害到某人怎麼辦？」等，我們每天都會被

無數的想法淹沒。特別是不希望某些想法、衝動或場面出現在腦海裡時，就會試圖加以控制和壓抑。然而，就算我們刻意不去想，也總是會想起來，焦慮的思緒和強迫思維不斷地滲透。控制和壓抑思想的行為，就像硬要把充滿氣的沙灘球壓進水裡一樣，按壓的力道愈大，反彈的強度也就愈大。因此，每當碰到試圖壓抑、控制焦慮思緒和強迫思維的人，我都會這樣對他們說：

「解決方法比想像的簡單，假如腦海裡有隻折磨你的白熊，那麼就不要強行把牠抹去，放任牠自由奔跑吧。白熊在腦海裡來來去去，最後會自然而然地消失。你只需想想待會晚餐要吃什麼，或者今天發生了哪些開心的事。隨著焦點轉移，思緒會從白熊慢慢地轉成紅色福斯汽車」。

Chapter7

活在當下
而不被動搖

鍛鍊心靈肌肉的
十六個階段練習

心靈肌肉，
專注於當下的力量

　　為了鍛鍊心靈肌肉，接下來我將介紹撫平憂鬱和焦慮的共通法。鍛鍊身體肌肉，能夠增強體力和免疫力，不僅有助於預防疾病，就算發生意外也可以迅速地康復。**同理，鍛鍊心靈肌肉，能夠提高對壓力的基本耐受度和免疫力，除了對預防心理疾病有益，遇到突發事故時也能較快地復原。**

　　憂鬱和焦慮有許多相似或相互作用的部分，也經常共伴發生。因此，最近有不少專家學者不分憂鬱和焦慮，提出了跨診斷取向（Transdiagnostic approach）的治療法。從撫平憂鬱或焦慮的方法，到同時處理兩者的對策，這樣

的學習會更加有效。包括 Chapter4、6 的心靈鍛鍊法在內，現在要介紹的方法，也不侷限於特定的心理學，而是涵蓋了認知行為、接納與承諾療法、心理動力學、人本主義、家族系統排列、客體關係理論等多樣的概念。請盡情運用來自各種理論的心靈恢復法，假如能夠透過這些方法鍛鍊出心靈肌肉，那麼往後遇到其他問題時，也會比以前更容易解決。

專注於眼下能做的事

若想鍛鍊心靈肌肉，就要練習讓心靈停留在現在。正如我們持續提到的，憂鬱和心滯留在過去有關，焦慮則是心漂泊於未來。而我們的目標，就是要把心拉回現在，也就是專注地活在當下。不再糾結於無法改變或控制的過去與未來，而是**把焦點集中在目前能做的事情上，這就是唯一能改變自我的方法。**

活在當下的意思，不代表無視過去與未來，放任自己恣意生活；也不是不懂得反省過去，或者不對未來做好準備，

一味地按照自己現下的心意為所欲為。舉例來說，假設某個人在考慮要喝美式咖啡或拿鐵時，最後決定選擇美式咖啡。然而，實際喝了一口之後，發現實在太難喝，每次入口時就忍不住後悔：「我不該選美式的，早知道就選拿鐵⋯旁邊的人喝拿鐵喝得好香」。這種情況，就可以看作是心滯留於過去，因為當事者正在審視無法改變的過往。

無論再怎麼後悔，面前的咖啡也不會變成拿鐵。愈是把心放在過去的拿鐵上，當下的美式咖啡就愈難喝。因此，最好的做法，就是想想面前的美式咖啡也很香，然後計劃「下次喝喝看拿鐵」。亦即反思和回顧過去的遺憾，並專注於自己現在能做的事。

讓我們再看看另一個例子。某個人一直煩惱要繼續待在目前的公司，還是選擇跳槽。之所以很難做出決定，原因就在於他不知道自己目前對公司的不滿，到了新公司後能不能有所改善。假如做錯決定，可能還得放棄目前在公司享有的福利，他對此感到彷徨又焦慮。不過，一想到要繼續待在這間公司，心裡就十分難受。不管怎麼思考，他還是下不了決定，工作時諸事不順，焦慮的日子也不斷持續

著。

上述的案例，可以說是心漂泊於未來。雖然持續對未來做出預測，但始終難以準確地掌握，因此心情會變得焦慮不安。我們無法控制未來的結局，換句話說，無論多麼苦惱、試圖做出最好的抉擇，也沒有人能知道未來的走向。我們所能做的，就只有當下的選擇和努力。亦即，**最好的方法，就是在深思熟慮後做出選擇，然後為了讓這個選擇產生好的結果，在當下盡自己最大的努力。唯有如此，才能讓心專注於現在。**

給自己活在當下的彈性

視線停留在過去、現在或未來，可以分別比喻為「冰、水和水蒸氣」。無法改變的過往，就像凝結成固體的堅硬冰塊一樣，必須要更加柔軟，才能化成流動的水。反之，像水蒸氣一樣過於抽象、浮動的狀態，則要更加具體化，才能呈現出如水般的穩定。**希望各位的心靈肌肉能像水一般靈活柔軟，但是又具有一定的穩固性，足以承擔生活中**

的不確定。

現在，我們將按照順序，從簡單的伸展運動開始，再慢慢進入困難度高的階段。培養心靈肌肉的方法與鍛鍊身體肌肉的過程相似，在正式運動之前，需要充分地伸展、熱身，還要進行有氧和核心運動。結實的肌肉會自然而然促進身體的健康，而我們鍛鍊心靈肌肉的原因，也是為了維持身體的良好狀態。

鍛鍊肌肉的過程，勢必伴隨著肉體上的疼痛，心也是一樣的。在心靈邁向堅韌的過程裡，必定會經歷一番煎熬與淬鍊，但這也代表著結實的心慢慢地弭平了痛苦。突破眼下憂鬱和焦慮的狀態，通過各種逆境後，必定能擁有一顆更加堅強的心。如今，我們正在經歷成長的痛，當我們日益茁壯時，心也一定會更加地靈活、穩固與堅韌。

第一階段
不管做什麼，
都要先讓自己吃飽

　　在正式展開運動之前，先讓我們做好熱身運動。從第一階段「不管做什麼，都要先讓自己吃飽」開始，到第四階段「接受幫助並非示弱的表現」，都是鍛鍊心靈肌肉時必要的基本伸展。如果在心情緊張的狀態下，盲目地從事劇烈運動，反而會讓自己在開始鍛鍊肌肉之前就受傷。因此，請按照自己的心理狀態，從簡單的熱身運動起步，一步一腳印地向前邁進吧。在伸展運動的階段，首要之務就是找回身體的平衡。或許有些老生常談，但培養心靈肌肉最重要的起點，就是讓自己的飲食均衡且健康。

均衡健康地飲食

聽起來不是什麼新的觀點，所以覺得很失望嗎？但是，均衡且健康的飲食，對身體和心理健康是不可或缺的一環。人的身心是相連的，換言之，身體健康會影響心靈，心理健康也會影響到身體。假如身體無法正常供應養分，心靈也不可能維持健康狀態。

如同之前提到的憂鬱症狀，陷入憂鬱狀態時，食欲會下降或暴增。食欲降低的話，就會什麼都不想吃，連平常喜愛的食物也失去吸引力，只用極少的食物勉強維持生理機能。因為生存欲望下降，所以自然也沒有提供身體能量的動力。不過，**愈是處於這種狀態，就愈要留意讓自己攝取充分的營養，才能讓身心都保有運轉的力量。**

假如心理出現問題，食欲有可能突然增加，引發暴飲暴食的情況。這種過度攝取能量的行為，因為超出了身體所需，算不上正常的能量供給。暴飲暴食不僅會破壞體內平衡，還會導致身體與心靈弱化。此外，暴飲暴食還有一項致命的缺點——尋求刺激性食物。**當我們變得沮喪時，就**

會尋找更鹹、更辣、更甜的飲食，而這類的食物會降低身體的免疫力，使脆弱的心靈更加不堪一擊。因此，內心愈是崩潰，就愈要規律地攝取健康的飲食。

針對那些食欲不振的來談者，我通常會給他們一道課題：每週為自己準備一餐健康的飲食，就算是三明治或炒飯等簡單的料理也無妨。這項課題，**蘊含著用健康的食物招待自己、送自己一份禮物的意思**。做料理是一件費工的事，首先要考慮自己喜歡什麼、想吃什麼，接著再找到美味的食譜。當材料都選好之後，還得清洗和準備，烹調結束再將成品擺盤拍照給我看。這項作業，不僅專注於飲食上，還包含了更深層的意義。

而對於那些過度倦怠，完全無力為自己張羅餐點的人，我會要求他們每週去探訪一次美食，當作送給自己的禮物。可以挑選一頓美味的主餐，也可以找一款同時滿足視覺與味蕾的蛋糕或餅乾。當憂鬱和焦慮來襲時，希望你可以先為自己送上一頓美食，就從現在開始做起吧！

第二階段
提升睡眠品質，
生活品質才會隨之提高

　　若想促進身心健康，睡眠與飲食同樣重要。俗話說「睡眠等於補藥」，可見睡眠對我們的身體與心靈有多大的影響。無論是憂鬱或焦慮，只要心理方面出現異常，睡眠就會馬上出現問題，也就是心理狀態會透過睡眠來表現。相反的，當睡眠出現異常，心理狀態也會隨之受到影響。換句話說，當心靈感到倦怠時，必須擁有充分的睡眠才能恢復。沒有人會抗拒舒適的睡眠，因此，當自己想早點就寢，卻遲遲沒有睡意，或者渴望好好睡一覺，卻總是在凌晨醒來時，一定會覺得非常痛苦。接下來，就讓我們看看面對上述情況，該怎麼做才能擁有良好的睡眠品質。

比起就寢時間，
起床時間更關鍵

至今為止，失眠認知行為治療（CBT-I）是非藥物治療中最有效且最安全的方法，包含睡眠衛生教育、處理與失眠相關的非理性信念、放鬆訓練與睡眠限制療法等。假如現在的你飽受失眠所苦，這些方法一定會有所助益。

首先要記住一點：當身體規律地運動時，心理健康也會跟著穩定。亦即在心緒混亂時，身體的晝夜節律（Circadian rhythm）最好保持一定的規律。所謂的「晝夜節律」，指的就是以二十四小時為週期的生理時鐘。如果因為憂鬱和焦慮而導致晝夜節律被破壞，睡眠週期就會跟著崩毀。例如平時習慣十二點就寢，但現在卻到凌晨兩點也睡不著；平時應該在七點起床，但現在卻到十點還睡不醒，這種情況就是因為睡眠週期被往後推了。而睡眠週期也有可能變得毫無章法，有時很早入睡，有時拖到凌晨還睡不著，如此就需要建立規律的睡眠週期。

首先，比起「就寢」，更應該把重心放在「起床」，也就是和入睡時間無關，把起床的時間固定下來。不管是晚

上十二點就寢，還是凌晨四點入睡，都固定讓自己在早上七點起床。我們通常認為只要一天沒睡好，就應該要補充睡眠，深信每天必須睡滿七個小時才能維持健康。因此，週末為了把平日不足的睡眠補回來，經常會睡到下午。不過，這種習慣反而會進一步破壞睡眠週期。

我們的身體具有恆常性，就算有幾天睡眠不足，身體也不會受到太大的影響。此外，假如總是在凌晨四點入睡，早上七點起床的話，會發生需求睡眠時間不足的睡眠剝奪（Sleep deprivation）。若出現睡眠剝奪的現象，具有恆常性的身體就會發出「睡眠不足」的訊息，然後自動帶來睏意。換句話說，無論幾點睡覺，只要早上固定時間起床，身體就會自動調節以獲得充足的睡眠。愈是限制睡眠，就愈能好好地睡覺。因此，不要因為睡得晚就起得晚，規律地在固定的時間起床吧。

白天活動，晚上睡覺

若想睡個好覺，在白天入睡就是禁忌。我們身體的規律

是早上起床、中午活動，然後晚上就寢。假如在白天時睡覺，生物節律（Biological rhythm）就會變得紊亂，尤其是身體會認為四點以後的睡眠等於夜晚的睡眠。也就是說，在白天時睡覺，晚上就會更加睡不著。因此，我通常**會建議失眠的患者下午四點之後絕對不要小睡，倘若真的有需要，就在四點之前小憩片刻，且不要超過三十分鐘。**

假如白天總是感到昏昏欲睡，不妨為自己多安排一點戶外活動，因為曝露在陽光底下的時間愈多，就愈有助於一夜好眠。陽光會直接影響到調節睡眠、覺醒與荷爾蒙規律的生理時鐘，以及有睡眠荷爾蒙之稱的「褪黑激素」。當眼睛感受到光線時，褪黑激素的分泌就會受到抑制；而在光線減少的夜晚，褪黑激素的分泌就會增加，導致睏意來襲。也就是說，在白天多享受日光的照耀，晝夜節律就會趨於穩定，夜晚時更容易入眠。此外，陽光還能促進有幸福荷爾蒙之稱的「血清素」生成，有助於合成維生素 D，對減緩憂鬱也有極大的助益。

睡前做伸展運動或冥想亦有助於入睡，在就寢的兩小時前洗足浴或半身浴，也是不錯的助眠法，因為可以在睡前

放鬆身體。這種緩解緊張的訓練，對處於焦慮狀態中的人特別有效。我們身體的規律是早上起床、白天努力活動，到了晚上逐漸放鬆入睡。夜晚時緩緩地舒展身體，我們的大腦就會意識到「啊，現在該睡覺了」。因此，高強度的出汗運動，至少要在睡前 3 ～ 4 小時結束，避免睡前還進行激烈的運動。

即使睡不著也把眼睛閉上，別想著非入睡不可

如果躺在床上怎麼樣都睡不著，你會怎麼做呢？翻來覆去超過半小時，你會不會去拿起放在一旁的手機呢？不過，比起這樣的行為，更好的方法是切斷視覺方面的刺激，把眼睛閉上。看手機或打開筆電，是讓身體清醒的行為，與睡眠所需的放鬆相反。而且對於我們的身體來說，床應該要被認知為就寢的地方，亦即床和睡眠的刺激必須聯繫起來。假如床和手機（覺醒）產生連結，以後想睡覺時就會更加困難，因為躺在床上時，我們的身體就會認為

「啊，現在該清醒了」。

有研究結果指出，只要把眼睛閉上，就能產生睡眠的效果。從現在起，睡不著時與其打開 YouTube，不如把眼睛閉上休息；如果實在嚴重失眠，不妨從床上起身，看一下書再回去睡覺。

我們必須擺脫「非睡不可」的強迫思維，因為這種想法，會讓我們更專注在失眠問題上，進而趕走更多的睡意。處於失眠狀態的人，通常會想著「現在不睡的話，明天一定非常累」、「睡不著的話怎麼辦」、「不管如何一定得睡著」。然而，若想讓身體放鬆下來，想著「就算睡不著也無妨」反倒較有幫助。碰到失眠時，我經常會逆向思考：「現在不能睡，堅持住！」如此一來，反而會產生抵抗的想法，變得更容易入睡。

事實上，「強迫入睡」是一種與失眠症相關的非理性信念。前文曾經提過，就算幾天都沒有睡好，我們的身體也不會出現什麼大問題。因此，假如你總是覺得「非睡不可」，就應該檢視一下自己是否對失眠抱有非理性信念。

同樣的，假如在凌晨突然醒來，最好不要去看時鐘，因為這麼做很可能會開始想：「我睡了多久？根本沒睡幾個小時」，然後強迫自己必須重新入睡。

如果擔憂的思緒接二連三地浮現，難以順利入眠的話，建議把注意力轉到其他的想法上。只要一想到擔心的事，思緒就會飄浮不定，憂慮也會持續來襲。很多時候，我們會因為這樣而在床上翻來覆去超過一個小時。面對這種情況，最重要的就是意識到：「啊，我現在是因為焦慮才睡不著」，只要能夠發現這一點，就能把注意力轉移到其他地方。**如果碰到失眠，我會試著去想最近令人感到愉快的事，在反覆回顧發生了哪些好事，感受到哪些幸福時，就會不知不覺地進入夢鄉。**

第三階段
不必強迫自己
從事高強度運動

　　「為了身體健康，請多運動吧」，這句話想必大家都已經聽膩。雖然實踐起來很困難，但運動也是鍛鍊心靈肌肉不可或缺的要素，因為我們的身心緊密相連。處於憂鬱和焦慮狀態時，更應該把活動身體設為首要目標，因為活動力低會導致倦怠無力，而無力感又會進一步讓我們減少移動，陷入憂鬱的惡性循環。不過，我的意思並非要你馬上從事劇烈的運動，只要從目前可以做得到、非常基礎的運動起步即可。

每天走八千步

面對陷入倦怠與無力的來談者，我最設下的課題就是「增加步數」。假如現在的你也處於無力的狀態，請立刻打開手機裡的 App，確認自己每天走了多少步。不管是 iPhone 還是 Galaxy，基本上都有內建計算步數的應用程式，會自動記錄我們一天走了多少步，以及移動的距離有多長，也可以查看以週或月為單位的紀錄。

陷入憂鬱狀態的人，App 記錄的步數很可能遠遠不及平均值。我們的目標是每天走滿八千步，平日因為上下班的關係，通常能夠達標，但週末如果沒有刻意外出步行，就很難達到八千步。**從今天開始，試著用步行增加活動量吧！只要讓身體動起來，萎靡的心也會一點一滴地找回活力。**

處於嚴重的無力狀態，連步數都確認不了的人，大概也很難跨出自家大門。不過沒關係，只要在力所能及的範圍內，慢慢地追求進步即可。活動範圍不要只侷限在家門口，可以試著去遠一點的便利商店，或者每週至少去一次

社區的美食餐廳，白天到住家附近的公園散散步等。不管是什麼，都跨出去嘗試看看。

　雖然感到憂鬱和焦慮，但還有一點能量的人，如果可以維持規律的運動，將會有很大的助益。不少研究結果指出，同時進行有氧運動和重量訓練，憂鬱和焦慮的症狀就會隨之減少。而跑步則會持續促進讓心情變好的血清素和正腎上腺素分泌，提高有助於緩解炎症的腦內啡，不僅對心靈有益，也有助於維持身體健康。此外，瑜伽是講求呼吸的運動，能夠有效地降低焦慮；皮拉提斯之類的核心運動，則可以讓身體更加穩定。

　運動能夠帶來成就感，因此得以喚醒我們積極、正向的一面，促進身體健康，然後有效地克服憂鬱和焦慮。在我任職的諮商所，有許多來談者藉由持之以恆且規律的運動，而得以從憂鬱和焦慮的泥淖中擺脫。雖然這些內容猶如老生常談，但不可否認運動就是最佳的處方箋。

第四階段
接受幫助
並非示弱的表現

　　如果前幾階段提到的飲食、睡眠、運動和嗜好等都努力實踐過，但憂鬱和焦慮的情緒還是不斷蔓延，那麼不妨考慮使用藥物進行改善。不過，精神藥物被許多偏見和誤解所籠罩，雖然不曉得為什麼和其他藥物比起來，精神科藥物特別受到謠言影響，但現實就是如此。我主要是研究心理學的學者，同時具備臨床方面（即精神病學）的知識，所以對藥物不感到排斥。在這裡，我想結合心理學與臨床經驗，談談對藥物的觀點。

　　試著在網路上搜尋藥物治療的心得，有很多文章提及了

抗憂鬱藥、抗焦慮藥、抗精神病藥等多種藥物的副作用。看完其他人的分享，很容易覺得藥物會讓人上癮，只能一輩子依賴，而且還會產生致命的副作用。有些地方甚至寫到長期服用藥物會變笨，或者導致精神異常。

然而，這些內容在臨床上其實很少見，並不能完全相信。除了精神藥物之外，不管是感冒藥還是消化藥，其實每種藥都有副作用。當然，有些人經歷的副作用相對嚴重，但難以忍受時，只要和主治醫生商量，調整劑量或更換藥物即可。藥物只有所謂的適合與不適合，且根據劑量的不同，效果也會產生差異。

我們在吃感冒藥時，幾乎不會有所懷疑。「服用感冒藥，會不會就一輩子依賴藥物呢？我如果因為副作用而精神異常怎麼辦？」幾乎沒有人會產生類似的想法。即使是普通的感冒藥，也會有嗜睡、口乾舌燥、癱軟無力等副作用，但為此感到擔心的人並不多。那麼抗憂鬱藥或抗焦慮劑呢？只要服用後有嗜睡的現象，人們就會覺得這是很嚴重的副作用，彷彿自己會被藥物給吞噬，變得空洞且呆滯，我認為，這些都是大眾對精神科藥物的偏見。

對身體影響較小的藥物治療

　　事實上，服用藥物的憂鬱症患者，獲得改善的機率約佔 60%。換句話說，有 40% 的人對藥物沒有反應，而其餘 60% 的人當中，症狀緩解的情況也因人而異。此外，根據精神健康醫學教科書《精神病學概要》（Synopsis of Psychiatry，暫譯）中針對憂鬱症藥物的指示，當開始服用藥物治療憂鬱症時，建議至少持續六個月。因為抗憂鬱的藥物，通常按時服用兩週左右，效果會逐漸顯現。藥劑減量時，一般會根據症狀減輕的程度，在諮詢主治醫師後慢慢降低劑量。另外，如果憂鬱症在三十個月內復發，建議維持五年的治療。

　　從這些事實來看，抗憂鬱藥與服用後立即見效的感冒藥或抗生素相比，對身體的影響要小得多。因為必須要固定服用兩週，效果才會慢慢出現。因此，當處於極度倦怠的狀態時，安心地接受藥物治療也是不錯的選擇。

　　抗憂鬱劑不是抗生素，如果要比較的話，反而和糖尿病的藥物類似。抗生素一般僅在需要時於短期間內服用，但

糖尿病的藥物不同，是透過長期服用來管控身體狀態，而憂鬱症也與糖尿病相似。如果罹患糖尿病，除了得長期服藥，還必須調整飲食和生活習慣，甚至一輩子都要管控血糖。同理，對憂鬱情緒較為敏感的人，也可能一輩子都要留意調節憂鬱的情感，有時可能透過藥物來緩解，有時可能必須調整飲食和生活習慣。

不過，抗焦慮藥就有些不同。抗焦慮藥通常也稱為鎮靜劑、安定劑或安眠藥，因為具有鎮靜和放鬆的作用，能藉此促進睡眠。與其他藥物相比，抗焦慮藥在服後可立即減緩不安，所以極受重度焦慮者的青睞。雖然有些例外，但大多數的抗焦慮劑屬於苯二氮平類（Benzodiazepine）藥物，可抑制並鎮靜興奮的神經。與抗憂鬱劑不同，苯二氮平類的藥物必須預防上癮和濫用，因為這種藥物會讓人產生依賴性。

然而，如果遵循醫師的處方及藥物的使用方法，抗焦慮劑的療效依然大於副作用。精神科醫師通常都很清楚藥物的開立原則，《毒品危害防制條例》或《管制藥品管理條例》中也有明確規範出安全劑量。因此，當你再怎麼努力

也無法克服憂鬱和焦慮的情緒時，不妨接受專家的治療與協助。

心理學家推薦
藥物治療的理由

我雖然身為心理學家，但面對有需要的患者時，通常會建議他們接受藥物治療，希望盡量不要留下後遺症。有些感冒很快就會痊癒，但有些感冒如果不盡快治療，很可能會愈拖愈久，甚至轉成肺炎或氣喘，留下長期的後遺症。需要服用藥物的重度憂鬱症或焦慮症，經常會留下許多後遺症。光是挺過症狀的發作就已經十分艱難，而在暴風雨過後，需要面對的更是一大片的廢墟。

不過，一般人通常不知道自己正在經歷嚴重的憂鬱或焦慮，甚至已達到需要藥物治療的程度。在我任職的諮商所，有不少來談者都會詢問：「我這樣的狀況需要接受諮商嗎？」但是，在這些人當中，有 40% 需要服用精神科藥物接受治療。由此可見，憂鬱和焦慮很多時候會比自己想

像得還嚴重。不過，最近有許多因荷爾蒙變化而陷入憂鬱狀態的人，如經前症候群、產後憂鬱症等，都透過抗憂鬱劑而獲得了改善。看到這樣的現象，讓我著實鬆了一口氣：「如今，人們對精神科藥物更加熟悉了」。

假如我或家人患有憂鬱症或焦慮症，我會選擇盡快使用藥物治療。因為比起憂鬱症反覆發作，持續感到心情低落，精神和行為逐漸產生變化，或者勉強忍受已經影響到日常生活的嚴重焦慮，不如按時服藥以維持健康，這麼做才是更明智的選擇。面對家人和身邊的同事，我也經常如此叮嚀：

「假如我和平時不一樣，看起來特別地憂鬱或焦慮，但自己又沒有意識到的話，請一定要帶我去醫院」

就像感冒時會吃感冒藥，頭痛時會吃止痛藥一樣，但願有一天我們罹患心病時，也能輕鬆、自在地服用精神科藥物。

第五階段
人生本來就是
好事與壞事的匯總

　　現在，我們將透過所有運動的基礎「有氧運動」，來試著鍛鍊心靈肌肉。從第五階段的「人生本來就是好事與壞事的匯總」，到第八階段「從自己身上獲得最大的安慰」，就相當於提高耐力與心肺功能的有氧運動。在這些階段要達成的目標，就是以伸展運動所帶來的韌性，去面對和接受生活中所發生的事件，並且培養出足夠的自主性，把專注力放在自己力所能及的事情上。

　　前文曾經提過，憂鬱和焦慮其實「來自於想好好生活的心」。也就是說，當某些事情達不到標準、出乎自己的意

料時，我們不斷反省事件的原因和過程，或者以此為根據消極地預測未來，就很容易萌生憂鬱和焦慮的情緒。因此，**我們需要練習如實地看待事件的發生，而不是追根究柢地思考事件的起因，或者試圖控制事態的發展。**

接受人生本來就有好有壞

在加拿大旅遊時，我曾經聽過這樣的說法：在加拿大若發生山林大火，除非預計損失的規模龐大，否則不會積極地去滅火。因為當地人認為山林自燃一定有原因，所以將此也看作自然的一部分。人生亦是如此，很多事的發生都是自然而然，而不是有誰刻意為之。

認知行為治療的最新趨勢「接納與承諾療法」，就是幫助來談者增進心理彈性。這樣的治療方法，與過去的認知行為治療有所差異，重點不在於改變患者的想法、情感、記憶等內在經驗，而是**試圖改變對經驗的反應方式**。亦即讓患者專注於行為改變的過程，不是僅從表面去理解和控制經驗。簡單來說，治療的關鍵並非抵禦或迴避痛苦的負

面情緒，而是樂於接受它們，然後致力於實現自己的價值觀與目標。

在接納與承諾療法的指南書《走出你的思想，走進你的生活》（Get Out of Your Mind and Into Your Life，暫譯）裡，作者將治療的過程比喻為西洋棋。首先，假設棋盤就是自己，而西洋棋中的黑子與白子，分別代表負面與正面的思想、情感、畫面與記憶。接著，請想像一下，假如這盤棋開始了，大家會希望哪一邊獲勝呢？多數人都會期盼白子贏下棋局。因為比起負面的事物，正面的事物愈多，我們的心就會愈自在。那麼，假設棋局結束了，最後獲勝的是白子，我們理應感到開心和幸福。但就在這時，作者拋出一道問題：「這盤棋局上，究竟是誰敗了呢？」

讓我們再回到最初的假設。一開始，我們把自己比喻為棋盤，所以不管是黑子贏或白子勝，其實都無所謂，**因為兩者都屬於我們的一部分。換句話說，無論是黑子或白子，這場戰爭都是發生在我的內部，所以我既是勝者、也是敗者。到頭來，幸福的人是我，不幸的人也是我。唯有如實地接受這一切，內心才會感到舒服與自在。**

我們通常會不停地判斷和評價個人的想法、情感，以及發生在自己身上的事：「這件事是好事，那件事是不好的」，在內心不斷地引發爭鬥，且渴望在棋盤上多放些白子。然而，不管是正向或負面的情緒，其實都屬於我的一部分。面對這種情況，別因為黑子獲勝就一味地迴避或抵抗，而是應該欣然地去體會和接受，這才是我們必須具備的態度。當自己成為棋盤，能夠如實地坐觀白子與黑子時，心方能不偏向任何一邊，擁有合二為一的完整性。

人生有無數的痛苦，我們會想要消除這些難受的情感，但是，每次試圖消除內心的痛苦時，它反而會變得更加巨大。此時，**擺脫痛苦的最佳方法就是「接受」，沒必要努力讓自己感覺好一點（feel BETTER），只要學習好好地去感受（FEEL better）即可。**如同在加拿大，山林大火不再是所謂的黑子，既不是正向也不是負面的事件，而是自然而然發生的現象，屬於大自然的一部分。**願各位能夠放下戰場，不要追求在棋盤的爭鬥中獲勝。無論是正向或負面的經歷，只要能像收到珍貴的禮物般欣然接受，此時此刻，就得以過上平穩、完整的生活。**

第六階段
有些事能改變，
有些事無法重來

「主啊，請賜給我一顆平和的心，讓我能去接受那些無法改變的事物；請賜給我足夠的勇氣，讓我能去挑戰那些尚能改變的事物。最後，請賜給我智慧，讓我能夠區分出這兩者的差別」。

這段話，作為聖方濟各（又譯聖法蘭西斯）的祈禱文，或者雷茵霍爾德·尼布爾（Reinhold Niebuhr）的名言而廣為流傳。假如面對人生的各種經歷，我們都能有這樣的智慧、勇氣與平和，那該有多好呢？這段祈禱文，也是美國精神科醫師及遺傳學家克勞德·羅伯特·克羅

寧格（C. Robert Cloninger），在介紹與同事共同開發的「氣質和性格測驗」（Temperament and Character Inventory，簡稱 TCI）時經常引用的語句。

在氣質和性格測驗中，將一個人的人格分成兩大主要結構：氣質和性格。透過兩者的區分，說明其影響人格發展的過程。氣質（或稱性情）來自於先天和遺傳，特點是一輩子都不會產生太大的變化；而性格則是在先天氣質的基礎上不斷發展，會受到成長環境的影響。假如我們把它套到前述的祈禱文裡，就是「**天生的氣質難以改變，因此需要平和的心態予以接納；而針對能夠改變的性格，則需要促進成長的姿態與勇氣**」。

現在，就讓我們用智慧來區分一下氣質和性格。首先，我將從氣質的具體內容開始說明。但在此之前，我想再明確地強調一次，測驗的目的在於「接受與生俱來的氣質」。因為無論我解釋過多少遍，還是有很多人會在拿到測驗結果後，不斷糾結於自己討厭的部分，然後詢問該如何改變。

試著放下判斷與評價，以理解和接納的態度來看待自己的氣質吧。**不要指責自己「為什麼天生如此」，而是要以充滿好奇的角度來自我觀察：「原來這就是我與生俱來的模樣」**。假如不喜歡自己天生的氣質，總是強行改變的話，只會讓內心逐漸陷入困境。反正不管怎麼努力，氣質也幾乎無法扭轉，既然如此，如實地接受自己與生俱來的模樣，才是更為明智的選擇。

接受四種
難以改變的氣質

先天的氣質大致分為四大類：尋求刺激、規避風險、社會敏感度和毅力。尋求刺激指的是追求新的刺激和興奮，或者行為活躍的程度；規避風險指的是迴避危險或抑制行為的程度；社會敏感度指的是對愛情、認可、稱讚等社會獎勵的反應程度；毅力指的是一旦展開某項行為，即使得不到報酬，也會長期堅持下去的傾向。每種氣質根據所處的位置，分為高、中、低三種，但沒有所謂的好壞之分，

但各有其優缺點。接下來，我將以四種氣質都極高的人為例進行說明。

高恩的好奇心旺盛，對各種領域都非常感興趣，只要接收到新的刺激，她就會覺得新奇且有趣。假如碰到想做的事，高恩會充滿行動力地去實踐，而不是再三地衡量或思考，唯有如此才能釋放她的本性。不過，當遇到必須喊停的事物時，她也會難以適當地控制自我，唯有拆掉思想和行動的框架，才最能活得舒適自在。這樣的高恩，擁有一股自由奔放的氣質。假如以駕駛汽車來比喻，高恩就是習慣踩油門，熱愛追求刺激的類型。此外，她也經常對未來懷抱著不安，一旦受到某種刺激，就會從消極的一面去預測未來。因為對不確定性感到相當恐懼，所以在面對重要的事物時，如果無法把細節一一敲定，內心的焦慮感就會急遽上升。在遇到陌生人時，高恩也會顯得格外緊張，為此消耗極大的能量，所以很容易陷入倦怠。換句話說，高恩善於踩剎車的規避風險這項氣質也非常高。

看到這裡，你可能會覺得疑惑：「不是啊，習慣踩油門的人，怎麼可能又喜歡踩剎車？這兩項氣質都很高的話，

不是很奇怪嗎？」但實際上的確「有可能」。只不過這類型的人，會一邊說著「往那邊走」，然後在踩油門的過程中，又覺得「啊，很危險」而不斷踩剎車，如此循環反覆，生活很有可能過得既疲憊又辛苦。因為他們無法如願以償地前進，也很難穩定地停下來。

此外，高恩的社會敏感度也很高，因為情緒感受力強，所以就算不刻意去觀察，也會自然而然地掌握他人的心情與社會氛圍，並習慣顯露和表達自己的情感。這類型的人，容易與他人產生親密感，也擁有較高的依賴性，對人際關係十分敏感。換言之，就是很在意社會的觀感，同時渴望獲得愛與肯定。在某些情況下，這樣的氣質雖然能發揮其優點，但也很可能讓自己感到疲憊。

最後，擁有高度毅力氣質的高恩，既勤奮又充滿韌性，對成就具有強烈的野心，也有很多想實現的目標。不過，這樣的她同時懷有完美主義，認為凡事「應該追求極致」，所以無論取得何種成就，內心依舊會覺得不足。因為她用過高的標準，套用在自己和他人身上。

聽完關於氣質的說明後，很多人都會忍不住流淚，為自己與生俱來的模樣感到埋怨與挫折。不過，正如前文所提到的，每種氣質都有其優缺點，我們需要的是如實接受天性的姿態。這種時候，不妨安慰自己：「與生俱來的氣質讓人很累吧？儘管如此，這一路走來你還是過得很好」。**當你愈了解自己時，內心就會愈舒坦，先天的氣質也是透過接受的過程而得以調節。**

改變三種性格，讓自己愈來愈成熟

在我任職的諮商所，經常碰到許多氣質尖銳或遭遇困境的來談者。不過，現在就談挫折還為時尚早，因為我們還有可以改變的「性格」。性格的發展，起步於接受個人的氣質。所謂「活出自我的人生」，就是在接受氣質、改變性格時方能實現。據《先天特質與性格測驗綜合手冊修訂版》(기질 및 성격검사 통합 매뉴얼 개정판，暫譯)的解釋：「原原本本地接納個人的氣質，會促進性格的發展；而成

熟的性格，則會調節先天特質的反應」。

性格大致分為自主性、連帶感與自我超越三種。「自主性」指的是根據情況調節並控制個人行為的能力，代表著一個人與自己的關係。也就是說，在做出選擇時，能夠根據個人目的來決定，對自己的選擇愈具有責任感與效能感，自主性就愈高。此外，**接受自己與生俱來的模樣，且理想面和現實面一致時，就會形成成熟的自主性。當自主性愈高，一個人與自我的關係就愈和諧。**

「連帶感」指的是接納他人，以成熟的姿態待人接物的能力，意味著我與他人的關係。在如實接受他人的面貌，擁有寬容的標準，以及善於對他人的情緒困境產生共鳴，並具有利他和公平的態度時，連帶感就會顯得愈高。也就是說，連帶感愈高，在人際關係上就會呈現出和諧且穩定的面貌。

最後，「自我超越」指的是如何看待凌駕於自我與他人的世界萬物，意味著我與世界的關係。自我超越愈高，與世上的自然萬物就愈有連結感，靈性也愈發達，懂得將自

己視為世界的一部分。換言之，當碰到以人類思維無法理解的事物時，能夠靈活地予以應對。

上述的三種性格，我們完全有能力加以改變。即使天生具有看似通行無阻的溫順氣質，在自主性、連帶感和自我超越的發展上也可能相當弱；反之，即使天生的氣質刻薄挑剔，也可以形成高度的自主性、連帶感和自我超越。讓性格變成熟的方法，我們將會在之後的篇章中慢慢探討。在此之前，大家必須先做的就是好好接受並理解自己天生的氣質。如果想進一步了解自己與生俱來的氣質，建議尋找專家接受氣質和性格檢測，透過各項量尺及數值，可以更具體地了解自我。

第七階段
既然做出了選擇，
就別再回頭看

　　在這一階段，我想進一步談談前文提及的自主性。自主性指的是配合情況調整和控制個人行為的能力，也就是說，自主性愈高，就擁有愈強的自我調節能力與控制感，看待自身的角度也會較積極。這種面貌，與高自尊感非常相似。自主性發達的話，憂鬱和焦慮就會減少，能夠健康地培養對自我的信任，並且不容易受周遭環境影響，可以抓住個人的重心。那麼，自主性是如何發展的呢？

第一，
具有目的意識地進行選擇

讓我們回到先前舉過的炸醬麵與辣海鮮湯麵的例子，假如各位現在一個人來到餐館，菜單上只有這兩種選擇，而錢包裡的錢只夠吃其中一種食物。這時，你會選擇哪一種呢？假如你挑了辣海鮮湯麵，那理由是什麼？接著，店員也走過來詢問：

「您可能不知道，我們家最有名的是炸醬麵，請問確定要點辣海鮮湯麵嗎？」

如果是你的話，會怎麼選擇呢？假設你聽了店員的建議，改成點炸醬麵，而且開始期待這裡的炸醬麵會有多美味，足以讓人為了它更改餐點。不過，在吃了一口之後，發現炸醬麵非常難吃，好奇的你環顧周圍，才驚覺其他客人正夾著辣海鮮湯麵吃得津津有味。這時，你會產生什麼樣的想法呢？內心又會升起什麼樣的感情？有些人可能會覺得「啊，早知道就吃辣海鮮湯麵了⋯不應該換的」，或者「早知道就去隔壁那家店」；有的人可能

會認為「算了，下次不要來這裡就好」，或者「都怪我，幹嘛換成炸醬麵」。當然，也有些人會責怪店員或者大發脾氣。

我們每天都會站在選擇的十字路口上好幾次，像是今天要穿什麼衣服、午餐吃什麼等瑣碎的問題，或是向哪間公司投履歷、選擇誰做為人生伴侶等重要的決定。所謂的自主性，就來自於這樣一點一滴的積累。據克羅寧格指出，自主性是由責任感、目的意識、效能感、自我接受與自我協調等五大指標組成。簡單來說，就是當我們提高這五大概念並趨於成熟時，就能培養出自主性。

從要點炸醬麵還是辣海鮮湯麵，到決定選後者時，大家應該都經歷了相當複雜的認知處理過程。如果選擇吃炸醬麵，可以嘗到鹹甜的滋味，但同時也必須放棄海鮮和爽口的湯頭。在經過深思熟慮，比較完各種優缺點後，最終才選擇了辣海鮮湯麵。不過，這時我又提出了疑問：「理由是什麼？」

當我們面臨選擇時，通常會苦惱選擇哪一方比較有利，

而此時對選擇造成影響的就是目的意識。在優缺點分明的情況下，目的意識就是支持決定的理由，例如：「我選擇辣海鮮湯麵的原因就是湯！」**在選擇的十字路口，帶著目的意識去思考「我為什麼要選這個」，讓心中的答案變得更明確，自主性就會愈高。**

第二，
肩負起責任感

責任感愈強，自主性就會愈高。在前述的假設中，我們聽到店員介紹這裡是炸醬麵名店，就跟著改變了選擇，但結果卻很悲慘。有些人會覺得算了，有些人後悔不已，有些人則是去責怪店員。不過，決定點炸醬麵的不是別人，而是我自己，雖然中途受到店員的影響，但最終決定變更餐點的人是我。

所謂的責任感，指的是「對自己的選擇負起多少責任」。責任感強的人，會對自己的決定負責，就算炸醬麵不好吃也會盡量吃完。反之，責任感不足的人，則是對自己的決

定感到後悔，不斷地回頭檢討過去，像是「早知道就點辣海鮮湯麵了」、「都是因為店員的關係，我才會吃到這麼難吃的炸醬麵」。不過，做出的決定已無法改變，因為炸醬麵就放在我的面前，而且我也沒有多餘的錢可以重點一碗辣海鮮湯麵。

這時，最好不要一直回頭望，而是應該一邊吃，一邊想著炸醬麵也不錯。因為愈是糾結自己為什麼沒有選辣海鮮湯麵，認定自己點的炸醬麵不好吃，眼前的餐點就會愈難以下嚥。也就是說，**我們要相信自己做出的決定是最好的選擇，並練習對隨之而來的結果負責**。實踐的方法很簡單，只要訓練自己不要老是回頭檢討即可，在做完決定後，就提醒自己這是最好的選擇。例如「在店員極力推薦的情況下，我當然會選擇炸醬麵。這個決定沒有錯，只要想著這是一碗美味的炸醬麵就好了」，以這樣的方式來支持自己的選擇。亦即，**不管結果如何，都要稱讚自己的決定。只要練習在瑣碎的決定上為自己負責，那麼將來無論是選擇公司、配偶或任何重要的事項，都可以表現得穩重且堅定。**

第三，
培養效能感、自我接受及自我協調

　　這三項指標有助於提升自主性。首先，效能感是指對自己的選擇具有多少信心。在培養自主性時，假如欠缺效能感，那麼責任感就會發展不佳。因為不知道該做出什麼樣的選擇，內心會陷入一片茫然與混亂。必須具備一定的自信，才能不在做決定時遭遇困境，像是「如果我選擇辣海鮮湯麵，一定會有好的結果」。反之，若心中一直想著「我選這個的話不曉得會怎樣，我的決定也許會帶來不好的結果」，那麼連在炸醬麵和辣海鮮湯麵之中擇一都很困難，肯定會猶豫不決。

　　假如到目前為止，自己的決定真的引發過不好的結果，那麼效能感很可能發展得不理想。因為當自己的選擇缺乏被支持的經驗，效能感就會隨之低落。有時，我們會聽到他人帶著責難的語氣，故意挖苦道：「看吧，我就說不應該那樣嘛」、「你做的決定不都是這種下場嗎？」但是，就算沒有受到支持也無妨，我們每個人都有培養效能感的力量。從今天開始，讓我們盡力稱讚、支持自己的所有選擇

吧！正如前文所述，就算點到不好吃的炸醬麵，也是我在當下的情況中做出的最佳選擇，所以請給予自己肯定。**假如能夠認可並支持自己的決定，那麼現在的經驗將會變得更有價值。**

其次，懂得自我接受與自我協調，自主性亦會跟著提高。所謂的「自我接受」，指的是接受並認可自己與生俱來的模樣，而「自我協調」則是指「理想我」與「現實我」相符的程度。**處於憂鬱和焦慮狀態中的人，大多會對自己做出嚴苛的評價，也就是把焦點放在指責自身的缺點，而不是均衡地看待自己的優點和不滿的地方。**

為了提高自我接受度，從今天開始，必須練習「接受最真實的自我」。假如發現不滿意的一面，請試著告訴自己「沒關係」，別搶在他人之前判斷或評價自我。接著，**若想提升自我協調的程度，首先必須滿足兩項要素：稍微降低「理想我」的標準，且不要一味地指責「現實我」。**讓我們先從簡單的步驟做起吧！假如發現自己正在自我批評，就練習把指著自己的手收起來。其實，現在的你已經做得夠好了。如果能對自己更友善、更寬容一點，肯定能

遠離憂鬱和焦慮的狀態。

最後請記住一點，前文提及的發展自主性的方法，完全能在此時此刻著手實踐。我們無法改變過去或未來，但可以讓當下的選擇產生變化，用更溫柔的視線看待自己，並給予稱讚和肯定。當你懂得對自己的決定不斷詢問「為什麼」並追尋其中的意義時，就能承擔起最後的結果。願你時刻銘記在心，無論何時，你都有能力恢復和自己的關係。

第八階段
從自己身上
獲得最大的安慰

　　請試著想像一下，假如有位 4 歲的小孩在嬉鬧奔跑時摔倒，你該怎麼做才能讓孩子停止哭泣呢？這時，各種安慰的言語會浮現在腦海裡。你可以輕拍孩子並給予擁抱，或者觀察、詢問他有沒有受傷。但是，有些人可能會感到慌張，表示不知道怎麼哄孩子，只是一直勸他不要哭，但孩子依舊沒有止住傷心的眼淚。在這個階段，我們將要探討如何安撫孩子的情緒，也就是所謂的情緒校驗（Emotional validation）。首先，讓我們先來了解一下情感運作的原理。

包容並理解
自己的情感

　　情感的運作原理如下：假設發生了某件事，這時，情感會瞬間湧上來。與我們的感受或選擇無關，情緒是自然而然湧現的，並且按照自己的方式流動。如果我們對摔倒的孩子說：「好了，別哭！」孩子會聽話地停止哭泣嗎？完全不會，而且還可能哭得更淒厲。因為孩子在摔倒後覺得難過，但這樣的情緒卻受到了否定。

　　那麼，假如告訴孩子：「跌倒沒什麼好哭的」、「你那樣亂跑當然會摔跤」，結果將如何呢？孩子會意識到「啊，跌倒不應該哭」、「因為我亂跑所以摔倒了」，然後馬上停止哭泣嗎？情況恐怕不會如此順利，因為孩子的情緒沒有獲得緩解，而是受到了理性的判斷。

　　如果是我，我會靠近孩子然後抱住他，接著安慰道：「唉呀，跌跤了肯定很痛、很難過吧，有沒有受傷？」如實地反映孩子傷心的情緒，然後給予同理和共鳴。如此一來，孩子的情緒才會慢慢地融化且冷靜下來，因為難過的心情獲得了校驗——這就是情感運作的原理。當發生令人傷心

的事，不妨直接解讀出「原來你很傷心」，原原本本地肯定對方內心浮現的情感。

然而，實際上我們接收到的周邊反應，和上述的方式有些差距，因為我們都不曾好好學過如何處理情緒。在傷心難過時，不僅經常遭受否定，甚至還會因哭泣而挨罵。當我們表達出難受的情緒，獲得的反饋很可能只是對方的判斷及解決方案，或者根本得不到任何回應。**於是，在這種情況下，我們愈來愈難以表達情緒，逐漸變得壓抑，最後甚至無法意識到自我的感受。**

不過，現在就算無法從他人身上獲得情緒校驗也無妨，因為這件事可以由自己來做。假如遇到傷心的事，可以對自己說聲：「啊，你一定很難過吧」；處於憂鬱的狀態時，不妨輕拍自己給予安慰：「我知道現在的你很憂鬱，難免會有這種情況，沒關係的」；感到焦慮不安時，則試著給自己些許共鳴：「覺得坐立難安吧？碰到這種事當然會焦慮，一切都會過去的」。假如我能校驗自己的情緒，問題就會慢慢地迎刃而解。**正確地認識和理解自己的情感，也就是所謂的情緒校驗，對於紓解憂鬱和焦慮都有極大的助益。**

第九階段
稱讚是
動力的來源

　　從第九階段「稱讚是動力的來源」，到第十一階段「我們都無法變得完美」，屬於核心運動的部分，主要在鍛鍊身體中心部位的肌肉。若能強化核心，會讓身體的排列更加正確，移動起來更為輕鬆，整體的健康也會隨之提高。同理，加強心靈肌肉的核心部位，我們的心就會站得更穩，變得更健康。而此階段的目標，就在於「梳理自身的想法」，因為想法一旦改變，行動就會跟著改變，連帶使得關係產生變化。

改變我的
胡蘿蔔和鞭子

首先，我們必須了解胡蘿蔔和鞭子具有很多類型，足以對個人的行為造成影響。在日常生活中，「胡蘿蔔和鞭子」又被稱為「稱讚和指責」、「獎勵和剝奪」或者「增強和懲罰」。所謂「增強」就是增加某項行為，而「處罰」的目的，則是為了減少某項行為。人們一般都想增加積極的作為，然後降低負面的舉動。雖然我們總是單純地認為表揚就是增強，訓斥就是懲罰，但實際上增強和懲罰的類型非常多元，統整如下表：

		增強 （Reinforcement）	懲罰 （Punishment）
	結果▶ 過程▼	反應或行為的增加	反應或行為的減少
正向 （Positive）	提供	正增強： 胡蘿蔔、喜歡的事物、稱讚、認可、關心、關愛等	正懲罰： 鞭子、身體上的痛苦、嘮叨、訓斥等
負向 （Negative）	去除	負增強： 去除可能帶來痛苦的結果	負懲罰： 去除能帶來喜悅與滿足的事物

讓我們先來看一下增強吧。增強又分為正增強及負增強，而懲罰也分為正懲罰與負懲罰。正增強是藉由「增強物」的供給，來提高正確或理想的行為，例如餵馬吃胡蘿蔔使其奔跑，就是典型的正增強，而紅蘿蔔便是增強物。用於正增強的增強物有稱讚、認可、關心或關愛等。

負增強則是去除增強物，藉此提升理想的行為。減少胡蘿蔔以增強行為？你一定覺得很困惑，不懂這是什麼意思。我們通常會把「增強物」和正面的形象連結在一起，也就是聯想到美好的事物。然而，增強物不一定具有正向性質，而是意味著強化或增加行為的刺激。例如拔掉馬蹄上的刺（強化物），藉以增加馬匹奔跑的行為，就是所謂的負增強——透過消除痛苦來增加某種行動。

繼增強之後，懲罰也分為兩種。正懲罰是透過提供懲罰物，來減少不良行為的方式。以前文的鞭子為例，在馬匹跑不快的時候，我們可能會揮動手中的鞭子，讓馬匹盡量不要停下來。另外，對耍賴的孩子表現出嘮叨或訓斥，藉此減少孩子的問題行為，也屬於一種正懲罰。

最後，負懲罰則是去除懲罰物，藉此來減少不良的行為。在這種情境裡，懲罰物是會給人帶來喜悅與滿足的某項事物，例如電腦遊戲玩太久的話，會被扣零用錢；工作時間一直閒聊的話，獎金會減少等。換言之，就是剝奪美好的事物以減少問題行為。

比起沒有效果的懲罰，
不如給予充滿誘因的胡蘿蔔

前文詳細解釋了各種概念，第一次接觸的人可能會覺得有些混亂，因此，在這裡我只用一般人較為熟悉的紅蘿蔔與鞭子（正增強與正懲罰）為例做說明。我們都會想增加良好的行為，並減少有問題的行動，也就是強化正面的行為，然後藉由懲罰來降低不良的舉動。增強正面行為通常不會遇到太大的困難，只要在自己做得好時給予稱讚，或者為自己準備一份禮物即可。問題在於懲罰，這種方式真的能夠減少問題行為嗎？心理學專家史金納（Skinner）曾說過：

「我們逐漸發現，懲罰（付出沉重且痛苦的代價）以長遠來看並不能減少某種行為發生的機率」

亦即，**懲罰不具有實際效果，即便有效也只是暫時的，因為懲罰會誘發逃避或閃躲的行為，負懲罰甚至還會維持或強化這種傾向**。例如玩電腦遊戲時被媽媽訓斥（正懲罰），雖然暫時把遊戲關掉了，但接下來就會去媽媽看不見的地方繼續玩（逃避行為）。此時，由於媽媽的嘮叨消失了，所以反而使這種行為得到強化與維持（負增強）。換句話說，比起減少玩遊戲，懲罰反倒讓孩子在看不見的地方玩得更久。因為處罰並沒有教給孩子取代遊戲的其他選項，所以無法增加任何良好的行為。

那麼，該怎麼做才能減少問題行為呢？答案就是「消弱（Extinction）」。「消弱」指的是行為消失的過程，方法就是在對方做出某種行為時，不要提供任何的反應，亦即切斷刺激與反應的連動。所謂的「增強」，是在對方做出某種行為時，提供足以令其滿意的獎勵；反之，「懲罰」是給予令其困擾或不便的限制。這裡談到的「消弱」，就是無論對方做出什麼行為，都不要給予任何回應。

懲罰和消弱的概念可能會讓人有些混淆，讓我用具體的例子來說明。假設你希望改掉自己拖拖拉拉然後遲到的行為（問題行為），這時，如果讓自己勤奮地動起來，然後給予獎勵的話，就是所謂的增強；在拖拖拉拉又遲到時自我指責，就是所謂的懲罰。此外，如果在遲到時沒有任何反應或作為，就是前述的消弱。懲罰可以馬上減少眼前的問題行為，因此，面對這種情況，我們通常會試著用自我譴責（懲罰）來減少拖延的行為。但是，正如前文所述，懲罰缺少長期性的效果，改變只是暫時的，幾乎沒有人能一直保持下去。

若想徹底解決問題行為，可以採用以下兩種方式：一，不關注問題行為（消弱）；二，在沒有出現問題行為時，給予自己稱讚和肯定（增強）。也就是說，在自己因為拖拖拉拉而遲到時，不要把焦點放在這件事情上；當自己勤快地動起來，準時到達目的地時，就嘗試給自己一點讚許和獎勵。

消弱為什麼能夠減少問題行為，只要想一下為了博取母親關注而哭鬧的孩子，就會很容易理解。假如孩子耍賴哭

鬧，媽媽就會予以訓斥，這時，孩子雖然因挨罵而停止了哭泣，但實際上也成功吸引到母親的注意。因此，下次孩子希望獲得母親關注時，很可能就會選擇哭鬧的方式。假如類似的過程不斷反覆，以後每當孩子渴求關注時，就會更加用力地耍賴並嚎啕大哭；同樣地，媽媽的嘮叨和怒火也會愈來愈難以克制。

總的來說，如果採取懲罰的方式，耍賴哭鬧的問題將會獲得強化和持續，也會導致日後的懲罰增強。批評與指責等負面刺激，很可能被當作一種關心，成為所謂的增強物。因為與其得不到任何關注，還不如接受某個人煩躁或憤怒的情緒。倘若把焦點放在問題行為上，問題行為就會不斷擴大；如果總是注意到自己的缺點，缺點就會變得更為顯眼。因此，若希望改掉某項討厭的問題行為，最好的方法就是不要做出反應，只要時間一長，該行為就會自然而然地消失。此外，在自己沒有做出問題行為，而是以良好的行動替代時，別忘了給自己一根胡蘿蔔當作獎勵。

處於憂鬱狀態中的人，通常會反覆思考自己的問題，並努力進行修正。但是，不管怎麼訓斥或責備自己，問題行

為都未見改善，導致他們對自己做出了更嚴厲的懲罰。**從現在起，停止自我指責吧，因為這種方式，反而助長問題的延續**。最適當的方法，就是不要做出任何反應，然後在一些瑣碎的事情上，發自內心地稱讚自己。懲罰不具任何效果，只有胡蘿蔔才能使我們產生改變。

第十階段
懷抱期待，
就一定能夠如願

　　你是否曾每天按時為自己心愛的植物澆水、曬太陽、通風，但植物卻還是枯萎了呢？據說種植植物的泥土上會形成渠道，每當為植物澆水時，水就會一直沿著渠道往下流。但是，如果水總是流向固定的路徑，植物的根部就會無法均勻地吸收水分。因此，就算每天都為植物提供充足的水，根部的某些地方還是會因缺水而凋零。

　　我們的大腦也是如此。在大腦裡，根據思維的流動，會產生某些固定的迴路，導致思想自動朝著特定的方向走，形成心靈之路。假如想要建造新的渠道，就必須將水流經

過的地方填平，讓所有的泥土都能均勻地吸收水分。同理，**如果想擁有健康且均衡的思維，就必須撫平心靈之路。換句話說，我們需要為大腦打造更多的迴路。**

處於憂鬱狀態的人，大腦裡負面思想的迴路通常特別清晰。也就是說，不管面臨什麼樣的情境，都會自然而然產生消極的想法，進行負面的解釋。憂鬱會導致大腦產生負向認知偏誤（Negativity bias，又稱消極偏見），而負向認知偏誤又會引發負面情緒，接著更進一步強化。於是，無論身處的環境有多好，具有負向認知偏誤的人，都會漸漸地枯萎凋零。若想修正這種消極的思維，必須有意識地刺激自己的正面想法。當思緒不知不覺地沿著消極的迴路流動時，一定要懂得適時喊停，提醒自己「走走看別條路」，刻意扭轉思緒流動的方向。

有些人在做出選擇後，經常會遇到不如意的結果，而這些經驗，會持續沿著負面思想的迴路流動。假如你曾經在做出決定之前，突然覺得「我的選擇一定又會招來不好的結果」，那麼大腦中的負面迴路，很可能已經根深蒂固。這時，必須想像並期待未來有可能出現好的結局。當然，

讓自己心懷期待不是件容易的事，但無論如何，一定要有意識地去描摹希望的藍圖。**就像挖掘新的渠道一樣，我們也要努力在心中開闢新的心靈之路。**

隨著想法改變的
心靈之路

1964 年，美國哈佛大學的心理學家羅伯特・羅森塔爾（Robert Rosenthal），以舊金山的小學教師們為對象進行一項實驗。教師們在完全不曉得自己被選為受試者的情況下，收到了一些學生的名單，分別屬於自己負責的班級。教師們被告知名單上的學生智商非常高，在學業方面富有潛力，但這些訊息其實都是假的。與實際的智商和潛力無關，這些學生只是隨機挑選出來的而已。

經過八個月的觀察後，名單上的學生與其他學生比起來，成績明顯地較為出色。針對這些學生，教師們格外充滿了期待，不僅更加關心他們，給予較多的稱讚和鼓勵，教學時也特別用心。最後，教師們的努力，讓期待變成了

現實。透過這項實驗，「自我應驗預言」（Self-fulfilling prophecy）的概念隨之誕生。所謂「自我應驗預言」，指的是為了達成某項期待和預言而竭盡全力，最終憑自己的力量應證了預言。亦即，如果期盼事情能夠順利化解，最後就能圓滿落幕；如果覺得事情不可能如願，那麼最後就不會順心。自己的預言和期望，會讓現實跟著往同一個方向前進。這種現象又稱為「比馬龍效應」（Pygmalion effect），和「一語成讖」是同樣的道理。

自我應驗預言也有負面的案例，假如有人深信自己是個「沒有能力的人」，那麼，他在生活的每一瞬間，都會覺得自己「不可能做得好」，堅信「無論怎麼努力，都不會有好的結果」。漸漸地，他會難以對事情全力以赴，自信心也不斷下降，最後導致所有事情成功的機率都變小。接著，他會再次陷入「我果然一無是處」的負面想法裡。這種自我應驗預言的負面案例，在日常生活中經常可見。

讓我再介紹一個類似的概念。假設現在有兩名受試者，我們對其中一個人說：「待會要把手放進冰水裡，水溫非常冰冷」，接著再對另一個人說：「待會要把手放進冰

水裡，但水溫不是很冰」。最後請兩位受試者將手放進冰水裡，並預測水溫大概是幾度。實驗結果如何？大家應該都猜到了吧！其實兩盆水的溫度是一樣的，但受試者主觀感受到的溫度卻呈現明顯差異。也就是說，隨著期待值不同，感受到的程度也會有所區別。事先對冰冷的水感到不安，就會使碰到的水變得更刺骨。換言之，面對從未經歷過的事，心態是焦慮或期待，會讓結果跟著變得不同。

你的心正朝哪一個方向走呢？是不是因為陷於負面想法，使得心靈之路已然形成，所以不管處於何種情境，思緒都會沿著同一軌道流動？又或者總是不知不覺地往焦慮的方向奔去？**如同填平泥土上的渠道，讓我們試著把內心的軌道從否定轉為肯定吧！積極的自我應驗預言，能夠為此帶來極大的幫助。因為對自我的肯定與期待，最終會讓現實也跟著往同一方向前進。**

第十一階段
我們都無法
變得完美

　　我們擅長發現並指出自己和他人的缺點，雖然很遺憾，但身為諮商師的我也不例外。每個人都有優點，但比起優點，我們更容易把焦點放在缺點上面。在某項提高自尊感的活動裡，我曾經和孩子們一起分享各自的優缺點。當時，我們把自己的優缺點一一列出來，在分享的過程裡，發現了一項重要的事實：雖然每個人都有不足之處，但優點也多得驚人。

　　某個孩子說自己的優點是唱歌好聽，另一個孩子回應：「哇，原來你很會唱歌！我是很會畫畫！」所謂的優點，

並不侷限於擅長某件事的能力，我的長髮或你的感受性，全部都算是優點。重點在於優點被推導出來的過程，孩子們沒有客觀地比較各自擁有的事物，只是透過個人的內在比較發掘出優點。原本「優點」的意思，並非和他人相比之下較為突出或優越的地方，而是自己擁有的事物中美好的部分。孩子們準確地指出這項道理，然後彼此分享了許多優點。

包括我在內，各位讀者小時候在尋找優缺點的活動中，是不是也缺少了這樣的重要過程，所以我們才會在成長之路上，不斷地與他人比較，總是把焦點放在自己的不足之處呢？

放下完美主義，
接受自己的缺點

我想起了在研究生時期學習過的正向心理學（Positive Psychology）。所謂的「正向心理學」，指的是比起憂鬱或焦慮等負面情緒，更著重在個人的優勢和美德等積極正

向的心理，是一種心理學的新趨勢。在性格優勢的測驗中，共有二十四個項目，分別為：創意性、好奇心、開放性、學習熱情、洞察力、勇敢、毅力、正直、活力、關愛、親切、社會性、合作性、公正性、領導力、寬恕、謙遜、謹慎、自我調節、審美眼光、感恩、希望、幽默及靈性。

當時我在聽測驗結果時，很自然地忽略排行前五的優點，把注意力放在倒數的五個項目上，然後開始思考應該如何提升。後來，老師要我不要糾結於自己的不足之處，而是應該想一下要如何把優勢培養得更出色——這就是正向心理學的基礎。

當下的我瞬間被打醒，從來不去看優點的我，總是拚命在挖自己的缺點。回顧一直以來總要找到某些缺點才肯罷休的自己，不禁感到一陣羞愧。我們總是急於掩蓋自身的不足，更貼切地說，是「自認為的不足」。但是，不管我們怎麼努力，也很難藏得天衣無縫，要遮掩的部分又何止一、兩處。於是，我們會變得更加手足無措、坐立難安，痛苦也就此找上門來。

順其自然地生活真的那麼難嗎？只要擁抱與生俱來的缺點或不足，忠於自己的生活即可，別無選擇的我們，為什麼總是要違背理所當然的事物呢？為什麼我們要強迫自己變得完美，拿著尺互相丈量對方呢？在認知行為治療中，指出「必須追求完美」的不合理信念，會引發憂鬱的情緒。此外，完美主義也會造成焦慮和強迫。

我們心中應該抱持的合理信念不是「必須完美」，而是「不必追求完美」，況且「我們都不可能變得完美」。但願我們都能「不執著於完美」，坦然地以「不完美」的姿態面對生活。假如能夠放下心中的完美主義，就能擺脫憂鬱和焦慮，以最真實的面貌輕鬆度日。

第十二階段
適當的
依附關係

　　最後的第十二階段「適當的依附關係」，直到第十六階段「與他人彼此連結，從中獲得治癒」，將試著把變得結實的心靈肌肉，也就是達到平衡的身體與自主性、靈活的思考等，實際運用到生活中的人際關係上。結實的心靈肌肉，會強化身體和心靈的健康，給予最穩固的支撐，讓我們不輕易受到動搖。在這個階段，不僅要考慮到「我」，還要顧及「你和我們」，是最為辛苦的過程。然而，一旦通過這樣的試煉，面對憂鬱和焦慮蔓延的世界，我們將會變得更加堅強，也更具有韌性。

擁有親密的依附對象

「從搖籃到墳墓，人生的開展，都是以親密的依附為中心」

英國的精神分析師及依附理論專家約翰‧鮑比（John Bowlby）曾如此形容過。所謂「依附」，指的是在生命初期與最親近之人（即主要照顧者）形成的堅固紐帶。我們每個人從出生開始，就對依附抱有強烈的渴望。因為想生存下去，就必須得到良好的照顧，所以我們會通過依附與特定對象分享親密的情感，並且互相連結。不過，對於依附的渴求，不論是長大成人或邁入老年階段，都會持續地存在。也就是說，各位的心中仍懷有與特定對象分享親密情感，並緊緊連結在一起的欲望。

依附是建立「內在運作模式」（Internal working model）的基礎，也就是看待自我、他人及世界的框架。假如主要照顧者能敏銳地察覺到孩子的情緒和需求，並對此做出適當且一致的反應，孩子就會擁有安全感，形成穩定的依附關係。反之，如果主要照顧者未能給予適當的照顧，孩子

就會形成不穩定的依附。依附關係大致分為安全與不安全兩種類型，其中不安全的依附又分為迴避型、焦慮型、混亂型，一共有四種型態。

首先，擁有安全依附關係的人，會對自己抱有信心、對他人懷有信任，並且認為世界是個安全的地方。除了主要照顧者之外，他們也可以和很多人保持親密的關係，即使遭遇痛苦與挫折，也具備堅韌的承受能力。安全的依附關係是在主要照顧者對嬰兒的情緒和需求反應敏銳，能夠提供穩定的照顧時形成，也就是讓孩子覺得「肚子餓的時候，媽媽會餵我」、「傷心的時候，媽媽會安慰我」等。

屬於迴避型依附的人，往往無法對他人付出信任，傾向鎖住自己的心門進行防禦。因為不想露出脆弱的一面，所以很難與他人形成親密的依附關係。在碰到問題時，比起信任他人，更偏好靠自己解決，不願意向任何人求助。此外，在人際關係方面，他們會在心理上與他人保持距離，只建立表面和膚淺的關係。迴避型依附的形成，來自於主要照顧者未能給予適當的情緒關懷，經常表現出無視或拒絕的態度，導致孩子認為「我需要媽媽的時候，她總是不

在我身邊」、「人生只有我一個人面對」。這類型的人，對自己懷著肯定的態度，但是對他人抱有負面的認知。

屬於焦慮型依附的人，傾向對他人要求過分的親密關係，因為不希望與親近的對象分開，所以會不斷地確認自己是否被愛。若有一丁點受到冷落的感覺，他們就會開始擔心被拋棄，表現出極度的不安與焦慮。此外，他們也會過分地仰賴他人的協助，或者為了幫助他人而費盡心思。這類型的人無法忍受孤獨，也難以維持穩定的人際關係。

焦慮型依附的形成，來自於主要照顧者不連貫、反覆無常的養育態度，例如「媽媽有時候對我充滿關愛，有時候卻都不理我」、「媽媽會根據心情，有時候給我滿滿的愛，有時候又冷漠地拒絕我」，或者「媽媽看起來很愛我，可是又會很嚴厲地訓斥我」。這類型的人，通常對自己抱持否定的態度，卻對他人懷有正面的認知。

混亂型是最嚴重的不安全依附，因為理應關愛和保護我的主要照顧者，反而對我展開攻擊，帶來了混亂的感受。混亂型依附的形成，來自於無法區分主要照顧者是給予安

慰的對象，或是應該感到不安和恐懼的對象。屬於混亂型依附的人，會認為「媽媽的存在對我來說是威脅」、「這個世界會攻擊我，不足以付出信任」、「我不值得被愛」，對自己和他人都抱持負面的態度。由於對自己、他人和世界的認知不穩定，所以即使只是輕微的困境，也可能受到極大的動搖與挫折。

屬於不安全依附類型的人，在社會上人際關係不穩定的機率非常高，且更容易經歷憂鬱、焦慮、憤怒等負面情緒。這類型的人，經常認為自己是得不到愛且毫無價值的存在，會對自己身處的環境感到懷疑，並為此陷入不安。此外，他們也難以忍受或克服挫折、失敗等負面情況，心理韌性（Resilience）也不甚發達，不容易恢復到穩定的心理狀態。因為缺少安全堡壘（Secure base），導致身陷在這個艱險萬分的世界，讓人感到更加地辛苦。

「這樣就夠了」，成為自己的依附對象

安全堡壘在辭典中的定義，是「生活在這個世界上，始終和我站在同一陣線的堅實後盾」。而在依附理論中，安全堡壘指的是當你感到傷心或疲倦時，想跑過去擁抱的對象，且對方能夠無條件地聽你吐露痛苦的心聲。安全堡壘是讓你感到安心的處所，是讓你沒有後顧之憂走向世界的跳板，也是在你探險回來後，為你的身體和心靈重新充電的地方。

想像一下小孩子在遊樂場玩耍的模樣，就會更容易理解這個概念。當孩子相信「媽媽會一直在這裡等著我」時，就會積極地向外冒險和探索。在盡情地玩樂後，可以隨時回到安全堡壘裡充電，然後再次奔向外面的世界。反之，如果不曉得媽媽什麼時候會消失，不安的孩子就會無法從媽媽的身邊離開。因為缺少了安全感，所以他們難以邁開步伐出去探索世界。屬於不安全依附型的人，因為沒有隨時可以安心休憩的場所，所以在生活中會經歷許多困境。

但幸運的是，依附是可以找回來的。換句話說，即使已經長大成人，依附類型也有可能被改變。美國的心理學家大衛‧沃林（David Wallin），對形成安全依附的三種情況做出了解釋。首先，是幼年時期曾經和父母一起度過美好的時光。各位讀者可能已經因此形成安全的依附，也可能沒有過這種經驗。不管是哪一種都沒關係，現在的我們已經長大成人，沒必要拘泥於無法改變的過去。

其次，是在成長的過程中，遇到足以提供安全堡壘的第二個依附對象。也就是說，藉由成長和經歷，可以重新形成穩定的依附關係。我們依然能在恣意地探索世界後，重新回到一處充滿安全感的堡壘，與某個對象分享心事，為自己再度充電。最具代表性的依附對象，就是朋友、戀人、配偶或是諮商師。

即使身邊沒有那樣的人也無妨，因為不是只有「人」才能成為依附的對象。若缺乏依附的對象，只要尋找足以成為安全堡壘的工作或興趣，從中獲得穩定即可。例如在感受到壓力時，有些人會去運動、欣賞電影或花季，甚至讓自己投入學習，這些行為都是在建立自己的安全堡壘。

當我難以向他人敞開心扉時，就會特地前往充滿各種植物的花市。因為這個地方總會展開雙臂歡迎我，讓我感到安心，並為我重新充電。依附的對象，可以是親近的人、工作、動物、植物或物品，也可以就是你自己。假如你能成為自己的安全堡壘，就能恢復與自我的關係，一步步累積愛與信任——這也是形成安全依附的第三種方法。

安全的依附，也會在訓練自己心智化（Mentalization）的過程中形成。所謂的「心智化」，指的是理解自我和他人心理狀態的能力，亦即有意識地察覺並解釋肉眼看不見的想法、情緒、欲望等心理狀態的力量。藉由心智化的過程，不僅可以理解自己的情緒狀態，也能夠讀懂他人的心情，並且將過去、現在和未來的經驗串起來審視。

各位現在讀著這本書，試圖理解自我的心理狀態，並且將他人的內心和過去的經驗連起來思考，就是一種心智化的過程。精神分析師彼得・馮納吉（Peter Fonagy）曾指出，比起生命初期的依附經驗，省察自身經驗的心智化能力更為重要。假如能夠培養這種心智化能力，就會更懂得理解自我和他人，擁有安全型的依附。

現在的你，是否因為父母未曾給予安全的依附，而感到非常地挫折？是不是覺得就算找到第二個依附對象，或是培養自己的心智化能力，都比不上父母在幼年時期提供的安全依附，為此傷心不已？對於懷有這種想法的人，客體關係理論及發展心理學專家唐諾・溫尼考特（Donald Winnicott）曾說過：「主要照顧者不可能做得完美，應該說也沒必要完美」。

世上沒有完美的父母，讓我們經歷適當挫折的環境，反而有助於成長。我們只需要一個「還可以」的依附對象就好，然後為自己當一個「還不錯的母親」。換言之，只要讓自己成為自己的依附對象，擁有一座安全堡壘即可，這樣就足夠了。

第十三階段
良好的互動取決於
適當的距離

「人類所有的煩惱，都來自於人際關係」

這句話出自奧地利的心理學家阿爾弗雷德·阿德勒（Alfred Adler）。以阿德勒的心理學為基礎，岸見一郎與古賀史健的著作《被討厭的勇氣》，獲得旋風般的高人氣，安慰了許多擔心在關係中得不到愛、害怕被討厭，於是不敢說出心底話或拒絕對方的人。沒錯，為了維繫關係，我們需要被討厭的勇氣，也需要擁有拒絕的勇氣。不過，在開口拒絕之前，必須先學會一個概念，那就是界線（Boundary）。

了解我和對方的界線

我們都是獨立的個體，且人與人之間，存在一條區分彼此的「界線」。除了物理上的分界外，心理上也有無形的界線。如同任一方不遵守物理界線，就會發生衝突導致受傷一樣，在人際關係中，如果心理不能保持適當的距離，也會引發碰撞與摩擦。

在人際關係裡，「界線」是自我與他人的分界和通道。簡單來說，就是保護自我的藩籬。我們會透過藩籬來區分自我和他人，藉此保護自己並和世界溝通。這道藩籬，必須堅固到具有防衛的功能，同時又保持開放的特性，以便與他人交流。你擁有一道可以根據情況緊閉，又能隨時敞開的藩籬嗎？如果答案是肯定的，那麼就算是擁有非常健康的「界線」。

面對人際關係，如果我們能守好彼此的藩籬，就足以維持健康的互動。反之，在我不樂意的情況下，籬笆被打破或者受到侵犯，就會引發憤怒和憂鬱的情緒。因此，為了在守護自我的同時不侵犯他人，我們必須了解所謂的「界

線」。下圖是自我與他人的界線示意圖，左邊是我必須建築的藩籬，右邊則是在了解自我的界線後，與他人保持適當距離的模樣。

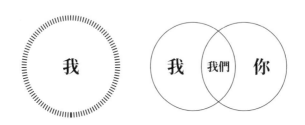

「熟悉界線」指的是「了解自我的藩籬」，知道什麼時候要牢牢地鎖上以保護自我，什麼時候要敞開大門，讓自己暢通無阻地與他人交流。更進一步來說，就是要明確地劃分出你我之間的界線。例如有人向我提出請求，你會願意帶著愉快的心情幫忙到何種程度；而一旦越過某條界線，你就會開始覺得不便和抗拒。找出這條界線，就是了解自我藩籬的過程。

讓我舉個例子來說明吧。好不容易等到週末的熙珠，目前處於非常倦怠的狀態。一整個星期，她都為了工作忙得不可開交，壓力沉重的事也一口氣席捲而來。今天，熙珠

想自己一個人好好在家休息，但母親卻一大早就來按門鈴。

「因為是週末，所以我就比較早過來。媽媽今天可以在這裡睡一晚嗎？」

熙珠像往常一樣，看著媽媽大步地跨進自己的藩籬裡。明明想一個人休息，最後卻沒能開口拒絕要求。拖著疲憊的身體，熙珠和媽媽一起度過週末，但心裡卻充滿了煩躁感。

現在的熙珠需要恢復，也就是說，面對侵犯自身領域的母親，她應該築起高大的藩籬保護自我。但是，不了解個人界線的熙珠，最終還是允許母親侵犯了自己的領地。如此一來，藩籬就會變得愈來愈脆弱，最終難逃倒塌的命運，內心也會開始感到枯竭。除了生氣與憤怒，還會變得非常討厭對方，即使自己有所付出，也依然處於厭惡的惡性循環裡。其實，面對這種情況，還不如一開始就拒絕，避免引發厭惡的情緒。因為討厭某人的心，也會變成銳利的箭朝自己飛來。

如果熙珠想保護自己，就要甘願被媽媽討厭，直白地予以拒絕：「媽媽，我今天太累了，可能沒辦法陪妳。」唯有如此，才不會在心中對母親產生埋怨，總有一天能帶著愉悅的心情把媽媽迎入藩籬裡。**假如不懂得保護自我，即使答應某人的要求，與對方的關係也會變得不自在。這就是為什麼我們必須清楚地掌握自身界線，明確地告訴對方：「我可以做到這裡，但再多的我也無能為力」。**

拒絕過分的侵犯行為，降低警戒心

每個人在誕生之前，都和母親是共同體。但是，就像孩子被剪斷臍帶，成為獨立的個體生活一樣，在心理上也必須與父母分離開來。每個人都是一個獨立的「我」，在人際關係中亦然，既是獨立的存在，同時又具有令人驚訝的社會性。憂鬱和焦慮症狀明顯的人，很多時候是在「界線」方面有問題。之所以會產生這種狀況，有極大的可能性是在年幼時期未能與父母做出適當的分界。例如從小父母就對孩子說：「我就是你，你就是我」，在毫無分界的

情況下過度地親密，那麼孩子對於界線的概念就會發展得不佳。此外，在孩子因為個人領域被侵犯而感到痛苦時，父母卻表示「我都是為了你好」、「都是希望你成功才這麼說的」，那麼孩子也會因此而陷入混亂。反之，如果太早就與父母分離，界線也會變得過於強烈且分明。

「自我分化」（Differentiation of self）是精神科醫師莫瑞・鮑文（Murray Bowen）在家庭系統理論中所提出的核心概念。自我分化可以從兩個角度來解釋：首先，從個人的層面來說，自我分化是分離並活用思想與情感的能力。其次，從關係的層面來看，自我分化指的是不被對方左右，根據個人的意志和信念選擇立場，並且與他人保持親密關係的能力。自我分化主要分為三種型式：健康的自我分化、自我未分化、自我過度分化，圖示如下：

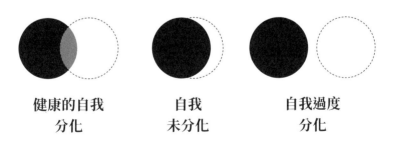

| 健康的自我分化 | 自我未分化 | 自我過度分化 |

首先，健康的自我分化，指的是個體（我）及關係（你）均衡發展，並具有健康界線（我們）的型態，也就是個體與關係、獨立與依賴分別維持著平衡。達成健康自我分化的人，能夠擁有獨立的自我，不容易被對方的情緒席捲，懂得分離自己的情感，並在此基礎上與對方保持健康、密切的關係。

　　其次，自我未分化指的是界線處於模糊的狀態，也就是個體（我）發展不足，只有關係（你）過於發達。處於未分化狀態的人，經常以他人為中心建立人際關係，因為在他們的認知中只有「你」而沒有「我」。在你和我的界線不明確的情況下，他們往往無法拒絕他人或表達出自己的主張。自我未分化的核心情緒是焦慮，由於個體性不夠發達，所以他們在獨處時會備感孤獨，不斷想和某個人黏在一起。

　　最後，自我過度分化指的是界線僵化的狀態，也就是個體（我）過度發達，而關係（你）相對弱化。在自我過度分化時，因為界線壁壘分明，以致於認知中只有「我」而沒有「你」。自我過度分化的人，通常會把焦點放在自己

身上，建立以自我為中心的人際關係，頻繁地拒絕他人或提出個人主張，試圖在關係中支配並操控對方。自我過度分化的核心情緒是憤怒，當對方與自己不同時，他們會表現出激憤與厭惡，直接與對方斷絕來往，或是企圖控制和改變對方的模樣。

那麼，該怎麼做才能達成健康的自我分化呢？穩定的自我分化，來自於安全的依附，也就是說，有很大一部分取決於幼年時期與父母的關係。不過，長大成人後依然可以實現自我分化，只要我們專注於自己現在可以改變的事，而不是糾結於無法重來的過去。為此，首先我們要了解自己的自我分化處於何種型態。

假如你的自我處於未分化的狀態，極有可能是與原生家庭在情感上過度融合。這時，需要做的就是建立自我的界線，不斷思考自己想要什麼，而不是困於原生家庭的羈絆。此外，還要懂得拒絕外來的侵犯，如實面對自己的感受。反之，假如你的自我處於過度分化的狀態，那麼不僅是原生家庭，很可能你在所有的關係中都與他人的情感過度分離。這時，需要做的就是讓自己僵化的界線恢復彈性，適

時降低套用在他人身上的高標準，並減少與他人一刀兩斷的習慣。

　　自我保護的過程，始於建立適當的界線，也就是暫時遠離傷害自我的人際關係。然而，很多人會擔心自己如果劃清界線，刻意疏遠關係，彼此的連結會不會就此斷絕？有時看著自己拒絕和討厭某人的樣子，也會打從心底感到內疚。不過，嘗試不去討厭侵犯界線的人，並不是徹底的解決之道。因為再怎麼努力，內心仍然會留下深刻的厭惡和抗拒，唯有狠狠地去討厭，才有可能再次去愛人。**我們必須在保護自我的同時，讓藩籬變得更加堅固，並從中找到內心的從容。**只有這樣，才能漸漸地放鬆警戒，欣然地接受對方。假如你一直處於過分警戒的狀態，甚至拒絕與珍惜自己的人建立關係，那麼，請試著打開籬笆的大門吧！在藩籬的另一端，或許存在著比想像中更大的幸福。

第十四階段
用理解來消弭衝突

　　很多人不知道該如何明智地解決戀人或夫妻間的矛盾，因此，從一些小問題衍生的衝突，隨著時間變得愈來愈嚴重，甚至波及到其他層面。請記住一點，關係中的矛盾，總是要撫平情緒才能解決。接下來，就讓我們看看常見的衝突模式：有一對戀人，女方因為某些問題既生氣又傷心，而男方則不斷向女方道歉。雖然已經聽到男方認錯，但女方依舊難以釋懷。男方不停地解釋自己無可奈何的原因，屢次表達歉意，而女方還是沒有消氣。當這種模式再三地反覆，男方就會忍不住生氣地大吼：

「我不是已經道歉了嗎？到底還要我怎樣？」

結果，女方不僅更生氣，還會直接放棄對話。女方的火氣蔓延到了男方身上，這種情況，就算男女角色對調也是一樣。「生氣」的情緒，不會因為聽到對方的道歉或解釋就平息，正如前文情感原理中所提到的，**情緒唯有被正確讀懂時才能消解。**

生氣的情緒是屬於生氣的人，愧疚的情緒是屬於愧疚的人，就算不斷地道歉或解釋，對方也沒有理由消氣。說著「我很抱歉，你消消氣吧」，然後就希望對方的情緒立即緩解，這樣的行為相當自私，而且也屬於一種暴力。若想讓正在氣頭上的女生平靜下來，其實只要好好讀懂她的情緒即可。就像這樣：

「我的行為好像讓妳既傷心又生氣，對不起」

關鍵不在於表現出「我」感到內疚的情緒，而是要先讀懂「對方」憤怒的感情。只要能正確反映出對方受傷的心情，問題自然會迎刃而解，這就是情感運作的原理。

在理解並接受對方憤怒的情緒後，女方難過的心情會瞬間爆發，就像原本緊閉的水壩打開時，大水嘩啦啦的湧出來一樣。這時，只要稍微再堅持一下即可，用更大的包容去承接對方，讓她可以自行消化並調節憤怒的情緒。其實，至此女方的怒氣已然消解，但傷心的情緒畢竟不屬於我，所以必須等到對方自行調節，只要再次讀懂她的情緒即可。**當你選擇注重對方的情感，而不是急於提出自身的感受時，兩人的關係就會重修舊好。**

正在閱讀這本書的你們，一定有人會因為自己的情緒沒能被讀懂，進而變得憂鬱；或者因為不擅於解讀他人的情緒，導致身邊的人陷入焦慮。無論如何，在日常生活中我們都必須面對人際關係，請好好記住並活用情感的原理。從現在起，讓我們仔細讀懂自己的情緒，也用心觀察身邊珍貴之人的感情。然後，如果你希望某個人能體會你的感受，請心平氣和地告訴對方：

「在我發脾氣時，希望你能察覺我『正感到憤怒』；在我疲憊不堪時，希望你能發現我『很辛苦』，正確地讀懂我的情緒」

如果有人可以用這樣的方式反映我們的情緒，盡力給予包容，我們就會更容易控制、調節自己的情感。

第十五階段
只要盡力
就夠了

「關係」就猶如一張乒乓球桌，球桌的一端是我，另一端是對方。當我們開始打球時，我乒一聲的打過去，對方也會乒一聲的打回來，唯有一來一回的節奏趨於和諧，兩人的關係才會融洽。不過，有時也會出現例外的情況，讓我們來看看下面的例子。

娜妍很懂得關懷與尊重他人，社會敏感度高，善於察覺並關心他人的情緒與渴望。人們都喜歡和娜妍相處，但她在人際關係方面的壓力卻最為強烈。因為娜妍總是擔心他

人會不自在，所以面對各種事情都十分用心，不過她自己卻一點也沒有獲得關心。娜妍相信只要懂得尊重對方，自己就會獲得同樣的尊重，但最後卻變得一直在迎合對方。於是，娜妍開始與身邊的人斷絕來往。

有些人習慣在關係中注意對方的反應，甚至想予以控制，換句話說，就是會考慮對方的反應來調整自己的行為。這類型的人，通常像娜妍一樣充滿同理心，且社會敏感度高，希望能夠在乒乓球檯上與對方和諧地長久來往。不過，此處有一個重點必須銘記在心，才能使這場乒乓球遊戲能夠繼續維持下去，而不是讓人感到倦怠。

「我能操控的只有乒一聲打過去的球」，這就是我們必須牢牢記住的原則。乓一聲打回來的球，不是我們所能調整或操控的，也就是說，就算我的球發得很好，對方也不一定會用心地打回來。對於我擊出去的球，有些人可能會用憤怒、煩躁或無視來回擊，有些人可能就理所當然地接受；或者，當對方誠心誠意地把球擊出來時，我也有可能難以應對。

期待和結果有可能不同

娜妍總是苦惱著該如何擊球才能讓對方穩定地接住，為此全心全意地付出，所以每擊出一顆球，就會消耗非常多能量。如此考量到對方的立場，毫無保留地把球傳給對方，假如沒有獲得良好的回應，自然會覺得自己不受尊重。但我們必須明白，無論我擊出的球有多好，對方都有可能零回應，面對這種交流不順暢的情況，我們難免會感到受傷。因此，**我們需要練習「將焦點集中在自己身上」，與其對於對方打回來的球耿耿於懷，不如專注在自己打出去的球上。換言之，只要認為自己在球檯上已經盡力，那就足夠了。**

接著，讓我們再探討另一個問題。假如某個人懷著好意做了某項行動，對方卻因此受到傷害，這算是錯誤的行為嗎？同樣的，假如某個人懷著惡意行事，對方卻因此而獲益，那麼這算是良好的行為嗎？其實，結果我們無從斷定，因為事情在下手的瞬間，就已經不再屬於我，我能夠百分百決定的就只有「意圖」而已。也就是說，只要盡己所能，為了好的結果、為了與他人的關係努力過，就沒有

什麼好遺憾的了。

在人際關係裡，你是否曾因對方的回應不如預期而傷心不已？或者是否因此變得更為憂鬱和焦慮？假如有過這樣的經驗，那麼請記住一件事：**正是因為你在人際關係中，每一瞬間都全心全意地付出，這個世界才得以變得溫暖。**雖然我們無從知曉離開自己手裡的球，最後會以什麼形式反彈，但我們可以繼續把自己的球打好，然後懷著愉快的心情，期待某個人也懷著相同的心意把球擊回來。

第十六階段
與他人彼此連結，
從中獲得治癒

　　我大膽地認為，人類一切行為的動機，都是為了博取他人的關心。人本主義心理學家亞伯拉罕·馬斯洛（Abraham Maslow）曾提出需求理論，主張唯有先滿足最重要的需求，才可能實現下一個需求。根據馬斯洛的說法，人類在生存及安全這兩項本能之後，需要的是關愛和歸屬感。我認為，愛與歸屬的欲望，是驅動複雜人類的基本動力。所有的生命，都是從呱呱落地的那一刻起，就渴望獲得父母的關心與喜愛。牙牙學語、蹣跚學步，孩子的所有行為都不只是為了生存，還追求他人的關心。生存

與關係密不可分，或許有人會說：

「我天生就喜歡獨處，不需要別人的關心」

但我想認真地反問對方：「真的嗎？」因為在誕生初期、性格尚未形成時，肯定會渴求他人的關愛。所有人類都不例外，希望獲得關懷與喜愛，而且只有在歸屬於某個地方時，才能感受到安全感。也許根據天生的獨立性與依賴性不同，每個人的表現有所差異，但「不希望受到他人關注」這樣的想法，基本上都是經驗與學習的副產品。

看到處於「社交」極端的自閉症孩童，我的想法就更加篤定。患有自閉症的孩子，從小就抗拒與他人有目光上的接觸，被點名時也不太有反應。比起社交方面的互動，他們對內在想像更有興趣，看起來似乎不喜歡人群。有些孩子在受到關注時，甚至會推人或打人。不過，我在研究生的實習過程裡，領悟到了一件事：孩子們動手的行為，會隨著社交上的關注而強化。亦即，孩子們不是不希望獲得關心，只是表達的方式不同而已。我們的根源其實驚人地相似，人類都是需要互相連結的存在。

在關係中找到各種認同感

　　人類在社會上歸屬的地方愈少，就愈容易感受到憂鬱和焦慮。因為歸屬的地方不足，代表自我的認同感也就相對較少，如果失去其中一個身分，就會感覺迷失了自我，經歷極大的喪失感。試想一下容易罹患憂鬱症的中年男性，就會更容易理解。為了養家餬口，許多男性一輩子都埋首於工作，等到退休之後，才發現自己和妻子、子女們都已變得疏遠，甚至想不起來上一次和朋友見面是什麼時候。驀然回首，驚覺自己身邊一個人也沒有，於是感到深沉的孤獨與憂鬱。在「上班族」這樣唯一的認同感也消失後，他們就失去了自我，也找不到活下去的意義。

　　「我」是由多種認同感所組成，身為某公司的員工、社會的一份子、丈夫、爸爸、母親的兒子、妹妹的哥哥、大學同學會總務、國高中同學的朋友、登山社團員等，擁有多樣的面貌。但是，如果我的身分只剩下「某公司的職員」，那麼退休後會怎麼樣呢？很可能會覺得喪失了自我。**因此，唯有盡可能讓自己擁有各種不同的面貌，才能維持健康的生活。**也就是說，如果失去上班族的身分，就要讓

其他認同感堅定地保護自我；如果失去爸爸的身分，不妨以某人朋友的身分守護自我認同感。

愈懂得在各種社交場合中定義自己，就愈能夠健康地生活。我們都必須與他人產生連結，就像每個人都是在關係中出生、在關係中成長一樣，當我們與某人緊緊連繫在一起，才能以最真實的面貌過日子。此外，人們有許多情緒很難獨自面對與處理，唯有與他人相處在一起時，情緒才會變得更容易消化。人與人共同生活，這樣再自然不過的原理，就是最健康的生活之道。**擺脫憂鬱和焦慮的最後一個方法，就是拓寬眼界，把焦點從「我」擴展到「我們」──也就是與自我相連，與他人相繫，與世界同行。**

願我們能活在當下，
成為散發正能量的人

疫情時代讓人們難以從倦怠與無力的狀態中恢復，透過熱衷的活動也只能暫時找回活力，空虛與無聊的時間愈來愈多。我也不例外，不知從何時開始，我發現自己好像再也沒有新的故事或新的想法產生。

我最喜歡的作家鄭惠允（音譯），曾經在隨筆集《悲傷世界的快樂言語》（슬픈 세상의 기쁜 말，暫譯）中寫道：「我們當前的危機就在於不談論未來。」亦即，我們不再相信未來，更確切地說，是我們不再相信未來是美好的。仔細想想，我感到倦怠無力的原因也正出於此。不再相信美好的未來會到來，不願意對未來提出對

策，甚至不想發表任何看法，因為在這悲傷的世界，不斷飛擲出絕望的話語。我在諮商室遇見的來談者，經常如此形容最近的世界：

「這個世界像垃圾，現實猶如泥坑」

雖然很難過，但這樣的形容我亦深感共鳴。這個世界太不公平，現實令人悲傷，經常讓人產生強烈的挫敗感。坐在諮商室裡傾聽來談者的故事，有時我也會一起陷入迷茫與絕望，因為太過心疼與難受，以致於無法輕易開口安慰對方。每當此時，我也會忍不住埋怨這個世界。

然而，愈是這樣，我就愈會提醒自己要打起精神，懷著對世界的希望，不要放棄對他人的關懷與個人的幸福。相信自己會迎向更光明的未來，相信這個世界會變得更美好，相信自己的努力會換來成長—因為只有這些，才不侷限於過去或未來，是我眼下能夠做到的事。

此外，如果我的話語滿懷希冀，那麼和我對話的來談者們也會開始在生活中挖掘希望。以此為契機，我經常見證來訪者不放棄自己的愛與幸福，重新尋回人生的期盼，直到面對這個悲傷的世界時，也能優雅地吐出快樂的言語。

我們都知道自己生活的世界充滿了悲傷，儘管如此，我還是盼望各位能在這個悲傷的世界裡，互相給予正面的話語和能量。**所有的存在與經歷都有其意義，但願你能持續對未來抱有期待與希望，這也是我們此刻唯一能做的事。**無論我的世界有多悲傷，我都會繼續吐出快樂；願大家也在各自的悲傷世界裡，不斷地傳遞出正能量。面對眼前不幸的世界，讓我們一起創造出喜樂的風景吧！

透過這本書，我們一同探討了鍛鍊心靈肌肉的方法，將滯留於過去的視線拉回現在，讓漂浮於未來的目光

重聚當前。這些內容並非紙上談兵，希望讀完這本書的你，此時已經抬起頭，慢慢地把心轉回現在。亦即，各位讀者正在感受此刻的一切，能讓自己活在當下，內心的平靜也因此逐漸走上了軌道。

【讀後筆記】

【讀後筆記】

【讀後筆記】

【讀後筆記】

【讀後筆記】

過去留下的憂鬱，未來帶來的焦慮

讓思緒定焦「當下的我」，練習不比較、不猜測的心靈肌肉鍛鍊指南

作　　者	金雅拉（김아라）	地　　址	231 新北市新店區民權路 108-2 號
譯　　者	張召儀	郵撥帳號	19504465 遠足文化事業股份有限公司
內頁設計排版	關雅云	電　　話	（02）2218-1417
封面設計	TODAY STUDIO	信　　箱	service@bookrep.com.tw
責任編輯	蕭歆儀		
		法律顧問	華洋法律事務所 蘇文生律師
總 編 輯	林麗文	印　　製	博創印藝文化事業有限公司
副 總 編	黃佳燕		
主　　編	高佩琳、賴秉薇、蕭歆儀	出版日期	西元 2023 年 10 月初版一刷
行銷總監	祝子慧	定　　價	420 元
行銷企劃	林彥伶、朱妍靜	書　　號	0HDC0082
		ISBN：9786267311752	
出　　版	幸福文化／遠足文化事業股份有限公司	ISBN：9786267311813（PDF）	
發　　行	遠足文化事業股份有限公司	ISBN：9786267311820（EPUB）	
	（讀書共和國出版集團）	著作權所有・侵害必究 All rights reserved	

特別聲明：有關本書中的言論內容，不代表本公司／出版集團的立場及意見，由作者自行承擔文責。

과거가 남긴 우울 미래가 보낸 불안
（The depression by the past and the anxiety about the future）
Copyright © 2022 by 김아라（Ahra Kim, 金雅拉）
All rights reserved.
Complex Chinese Copyright © 2023 by Happiness Cultural ,a Division of WALKERS
CULTURAL ENTERPRISE Ltd.
Complex Chinese translation Copyright is arranged with UKNOWCONTENTS GROUP
Co.,Ltd.
through Eric Yang Agency

國家圖書館出版品預行編目(CIP)資料

過去留下的憂鬱, 未來帶來的焦慮：讓思緒定焦「當下的我」,
練習不比較、不猜測的心靈肌肉鍛鍊指南
/ 金雅拉著；張召儀譯 . -- 初版 . -- 新北市：幸福文化出版社出版：
遠足文化事業股份有限公司發行，2023.10
　　面；　　公分
ISBN 978-626-7311-75-2（平裝）
1.CST: 憂慮 2.CST: 焦慮 3.CST: 情緒管理 4.CST: 自我實現

176.527　　　　　　　　　　　　　112015817